شرح أصول الإيمان

تأليف
فضيلة الشيخ محمد بن صالح العثيمين

ترجمة
عطاء الرحمن ضياء الله

مراجعة
ذاكر حسين وراثة الله

Hindi
الهندية
हिंदी

Osoul Center
www.osoulcenter.com

This book has been conceived, prepared and designed by the Osool International Centre. All photos used in the book belong to the Osool Centre. The Centre hereby permits all Sunni Muslims to reprint and publish the book in any method and format on condition that 1) acknowledgement of the Osool Centre is clearly stated on all editions; and 2) no alteration or amendment of the text is introduced without reference to the Osool Centre. In the case of reprinting this book, the Centre strongly recommends maintaining high quality.

 +966 11 445 4900

 +966 11 497 0126

 P.O.BOX 29465 Riyadh 11457

 osoul@rabwah.sa

 www.osoulcenter.com

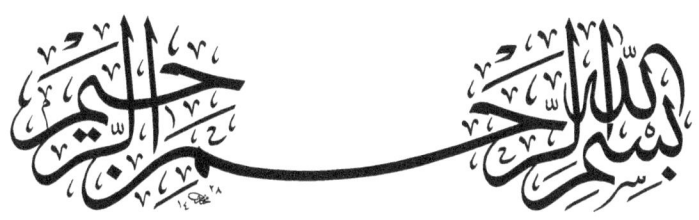

بسم الله الرحمن الرحيم

शुरू करता हूँ अल्लाह के नाम से जो बड़ा मेहरबान (कृपालु)
निहायत रहम करने वाला (दयालु) है

विषय सूची

प्राक्कथन	9
इस्लाम धर्म	11
इस्लाम के स्तम्भ	17
इस्लामी अक़ीदः के मूल आधार	21
अल्लाह तआला पर ईमान लाना	23
फरिश्तों पर ईमान लाना	41
किताबों पर ईमान लाना	47
रसूलों पर ईमान लाना	49
आख़िरत के दिन पर ईमान लाना	57
तक़्दीर -भाग्य- पर ईमान लाना	75
इस्लामी अक़ीदः के उद्देश्य	87

ईमान के मूल आधार

प्राक्कथन

إن الحمد لله نحمده، ونستعينه، ونستغفره، ونتوب إليه، ونعوذ بالله من شرور أنفسنا، ومن سيئات أعمالنا، من يهده الله فلا مضل له، ومن يضلل فلا هادي له، وأشهد أن لا إله إلا الله وحده لا شريك له، وأشهد أن محمدا عبده ورسوله، صلى الله عليه وعلى آله، وأصحابه، ومن تبعهم بإحسان، وسلم تسليماً. أما بعد:

तौहीद शास्त्र (एकेश्वरवाद का ज्ञान) सब से अधिक प्रतिष्ठित, अतिश्रेष्ठ और अतिआवश्यक ज्ञान है, क्योंकि इस ज्ञान का संबंध अल्लाह तआला की ज़ात (अस्तित्व), उसके अस्मा (नामों) व सिफ़ात (गुणों) और मनुष्यों पर उसके अधिकारों में से है।

और इस लिए भी कि यह अल्लाह तक पहुंचाने वाले मार्ग का प्रारम्भिक बिंदू (कुंजी) और उसकी ओर से उतारे गए समस्त धर्म-शास्त्रों का मूल आधार है।

यही कारण है कि तमाम नबियों और रसूलों की तौहीद की ओर आमंत्रण देने पर सहमति रही है, अल्लाह तआला ने फरमायाः

﴿وَمَآ أَرۡسَلۡنَا مِن قَبۡلِكَ مِن رَّسُولٍ إِلَّا نُوحِيٓ إِلَيۡهِ أَنَّهُۥ لَآ إِلَٰهَ إِلَّآ أَنَا۠ فَٱعۡبُدُونِ﴾ [الأنبياء: ٢٥]

"आप से पहले जो भी रसूल (संदेशवाहक) हमने भेजा उसकी ओर यही वह्य (ईश्वाणी) की कि मेरे अतिरिक्त कोई वास्तविक पूजा पात्र नहीं, सो तुम मेरी ही उपासना करो।" (सूरतुल अम्बियाः २५)

और अल्लाह तआला ने स्वयं अपनी वह्दानीयत (अकेले उपासना योग्य होने अर्थात अद्वैता) की गवाही दी है और उसके फरिश्तों ने और ज्ञानियों ने भी उसके लिए इसकी गवाही दी है, अल्लाह तआला ने फरमायाः

﴿شَهِدَ ٱللَّهُ أَنَّهُۥ لَآ إِلَٰهَ إِلَّا هُوَ وَٱلۡمَلَٰٓئِكَةُ وَأُوْلُواْ ٱلۡعِلۡمِ قَآئِمَۢا بِٱلۡقِسۡطِۚ لَآ إِلَٰهَ إِلَّا هُوَ ٱلۡعَزِيزُ ٱلۡحَكِيمُ﴾ [آل عمران: ١٨]

"अल्लाह तआला और फरिश्ते और ज्ञानी इस बात की गवाही देते हैं कि अल्लाह तआला के अतिरिक्त कोई उपास्य (माबूद) नहीं और वह न्याय को स्थापित करने वाला है, उस सर्वशक्तिमान और सर्वबुद्धिमान के अतिरिक्त कोई उपासना के योग्य नहीं।" (सूरतु आले इम्रानः १८)

जब तौहीद की यह प्रतिष्ठा और महानता है तो प्रत्येक मुसलमान के लिए अनिवार्य है कि वह ध्यान के साथ इस ज्ञान की शिक्षा प्राप्त करे, दूसरों को इसकी शिक्षा दे, इसके अन्दर चिंतन (ग़ौर व फिक्र) करे और इस पर विश्वास रखे, ताकि वह अपने धर्म की स्थापना उचित आधार और सन्तोष तथा स्वीकृति और प्रसन्नता पर करे और उसके प्रतिफलों और परिणामों से लाभान्वित हो।

इस्लाम धर्म

इस्लाम धर्म:

वह धर्म है जिसके साथ अल्लाह तआला ने मुहम्मद ﷺ सल्लल्लाहु अलैहि वसल्लम को भेजा, उसी धर्म के द्वारा अल्लाह तआला ने सारे धर्मों की समाप्ति कर दी, अपने बन्दों के लिए उसे पूरा कर दिया, उसी के द्वारा उन पर अपनी नेमतें सम्पूर्ण कर दीं और उन के लिये उसी धर्म को पसंद कर लिया, अब किसी भी व्यक्ति से उस के अतिरिक्त कोई अन्य धर्म स्वीकार नहीं कर सकता, अल्लाह तआला ने फरमाया:

﴿مَّا كَانَ مُحَمَّدٌ أَبَآ أَحَدٍ مِّن رِّجَالِكُمْ وَلَٰكِن رَّسُولَ ٱللَّهِ وَخَاتَمَ ٱلنَّبِيِّـۧنَ﴾ [الأحزاب: ٤٠]

"मुहम्मद ﷺ तुम्हारे पुरुषों में से किसी के पिता नहीं, बल्कि अल्लाह के संदेशवाहक और समस्त नबियों के समाप्ति कर्ता हैं। और अल्लाह हर चीज़ को अच्छी तरह जानने वाला है।" (सूरतुल-अहज़ाब: ४०)

और फरमाया:

﴿ٱلْيَوْمَ أَكْمَلْتُ لَكُمْ دِينَكُمْ وَأَتْمَمْتُ عَلَيْكُمْ نِعْمَتِى وَرَضِيتُ لَكُمُ ٱلْإِسْلَٰمَ دِينًا﴾ [المائدة: ٣]

"आज मैं ने तुम्हारे लिए तुम्हारे धर्म को पूरा कर दिया और तुम पर अपनी नेमतें सम्पूर्ण कर दीं और तुम्हारे लिए इस्लाम के धर्म होने पर सहमत हो गया।" (सूरतुल-माईदा: ३)

तथा फरमाया:

﴿إِنَّ ٱلدِّينَ عِندَ ٱللَّهِ ٱلْإِسْلَٰمُ﴾ [آل عمران: ١٩]

"निःसन्देह अल्लाह के निकट धर्म इस्लाम ही है।" (सूरतु आलि इम्रान: १६)

और फ़रमायाः

﴿ وَمَن يَبْتَغِ غَيْرَ ٱلْإِسْلَٰمِ دِينًا فَلَن يُقْبَلَ مِنْهُ وَهُوَ فِى ٱلْءَاخِرَةِ مِنَ ٱلْخَٰسِرِينَ ﴾ [آل عمران:٨٥]

"जो व्यक्ति इस्लाम के अतिरिक्त अन्य धर्म ढूँढे उसका धर्म कदापि स्वीकार नहीं किया जायेगा और वह आख़िरत (प्रलय) में घाटा उठाने वालों में से होगा।" (सूरतु आलि इम्रानः ८५)

अल्लाह तआला ने सारे लोगों पर यह बात अनिवार्य कर दिया है कि वह इसी इस्लाम धर्म के द्वारा अल्लाह की उपासना और आज्ञापालन करें। अल्लाह तआला ने रसूलुल्लाह ﷺ को सम्बोधित करते हुये फरमायाः

﴿ قُلْ يَٰٓأَيُّهَا ٱلنَّاسُ إِنِّى رَسُولُ ٱللَّهِ إِلَيْكُمْ جَمِيعًا ٱلَّذِى لَهُۥ مُلْكُ ٱلسَّمَٰوَٰتِ وَٱلْأَرْضِ لَآ إِلَٰهَ إِلَّا هُوَ يُحْىِۦ وَيُمِيتُ فَـَٔامِنُوا۟ بِٱللَّهِ وَرَسُولِهِ ٱلنَّبِىِّ ٱلْأُمِّىِّ ٱلَّذِى يُؤْمِنُ بِٱللَّهِ وَكَلِمَٰتِهِۦ وَٱتَّبِعُوهُ لَعَلَّكُمْ تَهْتَدُونَ ﴾ [الأعراف:١٥٨]

"(ऐ मुहम्मद ﷺ!) आप कह दीजिए कि ऐ लोगो! मैं तुम सब की ओर उस अल्लाह का भेजा हुआ संदेशवाहक हूँ जिस का राज समस्त आकाशों और धरती पर है, उसके अतिरिक्त कोई वास्तविक उपास्य नहीं, वही जीवन प्रदान करता है और वही मृत्यु देता है, सो अल्लाह तआला पर ईमान लाओ तथा उसके नबी-ए-उम्मी (अनपढ़) पर जो स्वयं अल्लाह तआला पर और उसके आदेशों पर विश्वास रखते हैं, और उनकी अनुशंसा (आज्ञापालन) करो ताकि तुम सीधे मार्ग पर आ जाओ।" (सूरतुल आराफः १५८)

और सहीह मुस्लिम में अबु हुरैरह رضي الله عنه से रिवायत है कि रसूलुल्लाह ﷺ ने फरमायाः

«وَالَّذِى نَفْسُ مُحَمَّدٍ بِيَدِهِ لاَ يَسْمَعُ بِى أَحَدٌ مِنْ هَذِهِ الأُمَّةِ يَهُودِىٌّ وَلاَ نَصْرَانِىٌّ ثُمَّ يَمُوتُ وَلَمْ يُؤْمِنْ بِالَّذِى أُرْسِلْتُ بِهِ إِلاَّ كَانَ مِنْ أَصْحَابِ النَّارِ».

"उस ज़ात (अस्तित्व) की सौगन्ध जिसके हाथ में मुहम्मद ﷺ का प्राण है! इस उम्मत का जो भी व्यक्ति मेरे विषय में सुन ले, चाहे यहूदी हो या ईसाई, फिर

जिस धर्म (शास्त्र) के साथ मैं भेजा गया हूँ उस पर ईमान लाये बिना मर जाए तो वह नरकवासी होगा।''

❁ आप ﷺ पर ईमान लाने का अर्थ यह है किः

आप की लाई हुई शरीअत (धर्म शास्त्र) को सच्चा जानने के साथ ही उसे स्वीकार किया जाये और उसे मान लिया जाये। केवल उसको सच्चा जानना काफी नहीं है, यही कारण है कि अबु तालिब मोमिन नहीं घोषित हुये जब कि वह आप ﷺ की लाई हुई शरीअत को सच्चा जानते थे और यह गवाही देते थे कि वह सब से उत्तम धर्म है।

❁ इस्लाम धर्मः

उन समस्त हितों, भलाईयों और अच्छाईयों को सम्मिलित है जो पिछले धर्मों में पाई जाती थीं, तथा उसको उन पर यह विशेषता प्राप्त है कि वह प्रत्येक युग, प्रत्येक स्थान और प्रत्येक क़ौम (समुदाय) के लिए उचित है। अल्लाह तआला ने अपने रसूल मुहम्मद ﷺ को सम्बोधित करते हुए फ़रमायाः

﴿ وَأَنزَلْنَآ إِلَيْكَ ٱلْكِتَٰبَ بِٱلْحَقِّ مُصَدِّقًا لِّمَا بَيْنَ يَدَيْهِ مِنَ ٱلْكِتَٰبِ وَمُهَيْمِنًا عَلَيْهِ ﴾

[المائدة: ٤٨]

''और हम ने आप की ओर हक़ (सत्य) के साथ यह पुस्तक उतारी है जो अपने से पूर्व पुस्तकों की पुष्टि (तस्दीक़) करने वाली है और उन पर निरीक्षक और संरक्षक है।'' (सूरतुल माइदाः ४८)

और इस्लाम के प्रत्येक युग, प्रत्येक स्थान तथा प्रत्येक क़ौम (समुदाय) के लिए उचित होने का अर्थ यह है किः इस धर्म को ग्रहण करना और उसकी पाबंदी करना किसी भी युग और किसी भी स्थान पर उम्मत (लोगों) के हितों के विपरीत नहीं हो सकती, बल्कि इसी में उसकी भलाई और कल्याण है। उसका अर्थ यह नहीं कि इस्लाम प्रत्येक युग और प्रत्येक स्थान और प्रत्येक उम्मत की इच्छा के अनुकूल होगा, जैसा कि कुछ लोगों का विचार है।

इस्लाम धर्मः

ही वह सच्चा धर्म है जिसको सुदृढ़ता से पकड़े रहने वाले के लिए अल्लाह तआला ने सहायता और सहयोग तथा उसे दूसरे लोगों पर विजय और आधिपत्य (ग़लबः) प्रदान करने का वादा किया है, अल्लाह तआला ने फ़रमायाः

﴿ هُوَ ٱلَّذِىٓ أَرْسَلَ رَسُولَهُۥ بِٱلْهُدَىٰ وَدِينِ ٱلْحَقِّ لِيُظْهِرَهُۥ عَلَى ٱلدِّينِ كُلِّهِۦ وَلَوْ كَرِهَ ٱلْمُشْرِكُونَ ﴾ [التوبة: ٣٣]

"वही (अल्लाह) है जिस ने अपने रसूल को मार्गदर्शन और सच्चा धर्म दे कर भेजा ताकि उसे समस्त धर्मों पर प्रभुत्ता प्रदान (ग़ालिब) कर दे, यद्यपि अनेकेश्वरवादी (मुशरिकीन) अप्रसन्न हों।" (सूरतुस्-सफ्फः ६)

तथा दूसरे स्थान पर फरमयाः

﴿ وَعَدَ ٱللَّهُ ٱلَّذِينَ ءَامَنُوا۟ مِنكُمْ وَعَمِلُوا۟ ٱلصَّٰلِحَٰتِ لَيَسْتَخْلِفَنَّهُمْ فِى ٱلْأَرْضِ كَمَا ٱسْتَخْلَفَ ٱلَّذِينَ مِن قَبْلِهِمْ وَلَيُمَكِّنَنَّ لَهُمْ دِينَهُمُ ٱلَّذِى ٱرْتَضَىٰ لَهُمْ وَلَيُبَدِّلَنَّهُم مِّنۢ بَعْدِ خَوْفِهِمْ أَمْنًا ۚ يَعْبُدُونَنِى لَا يُشْرِكُونَ بِى شَيْـًٔا ۚ وَمَن كَفَرَ بَعْدَ ذَٰلِكَ فَأُو۟لَٰٓئِكَ هُمُ ٱلْفَٰسِقُونَ ﴾ [النور: ٥٥]

"तुम में से जो ईमान लाये हैं और पुण्य कार्य किये हैं उन लोगों से अल्लाह तआला वादा कर चुका है कि उन्हें अवश्य धरती पर ख़लीफा बनाएगा जैसाकि उन लोगों को खलीफा बनाया था जो उन से पूर्व थे, और निःसन्देह उन के लिए उनके उस धर्म को मजबूती के साथ स्थापित कर देगा जिसे उन के लिए वह पसंद कर चुका है, और उनके भय और डर को शांति और सुरक्षा में परिवर्तन कर देगा, वह मेरी उपासना (इबादत) करेंगे, मेरे साथ किसी भी वस्तु को साझी नहीं ठहरायेंगे, और उसके पश्चात भी जो लोग नाशुक्री और कुफ़्र करें वह निःसन्देह अवज्ञाकारी हैं।" (सूरतुन-नूरः ५५)

इस्लाम धर्मः

अक़ीदः (श्रद्धा, आस्था) और शरीअत (धर्म शास्त्र) का नाम है, और वह अक़ीदः और शरीअत दोनों में अति परिपूर्ण है, चुनांचे वहः

१ अल्लाह तआला की तौहीद (एकेश्वरवाद) का आदेश देता है और शिर्क (अनेकेश्वरवाद) से मनाही करता है।

२ सत्यता का आदेश देता है और झूठ से रोकता है।

३ न्याय का आदेश देता हे और अत्याचार से रोकता है।

न्याय की परिभाषाः सदृश (एक जैसी) चीज़ों के बीच समानता और बराबरी पैदा करने और विभिन्न चीज़ों के बीच भिन्नता पैदा करने का नाम न्याय है, न्याय का अर्थ सामान्यताः बराबरी और समानता नहीं है अर्थात समस्त चीज़ों के बीच समानता और बराबरी स्थापित करने का नाम न्याय नहीं है, जैसाकि कुछ लोगों का दावा है, वह कहते हैं कि इस्लाम सामान्य रूप से समानता और बराबरी का धर्म है, हालांकि विभिन्न और विपरीत चीज़ों के बीच बराबरी एक अत्याचार है जो इस्लाम की शिक्षा नहीं है, और न ही ऐसा करने वाला इस्लाम की दृष्टि में सराहनीय है।

४ अमानत (निक्षेपण) का आदेश देता है और ख़ियानत (ग़बन) से रोकता है।

५ प्रतिज्ञा पालन का आदेश देता है और विश्वास घात और प्रतिज्ञा भंग से मनाही करता है।

६ माता-पिता के साथ अच्छे व्यवहार का आदेश देता है और अवज्ञा से रोकता है।

७ निकटवर्ती रिश्तेदारों (सम्बंधियों) के साथ नाता और सम्बन्ध जोड़ने का आदेश देता हे और सम्बन्ध-विच्छेद से रोकता है।

८ पड़ोसियों के साथ अच्छे व्यवहार का आदेश देता है और दुर्व्यवहार से रोकता है।

सामान्यतः इस्लाम प्रत्येक श्रेष्ठ और उत्तम आचार का आदेश देता है और प्रत्येक तुच्छ और दुराचार से रोकता है।

इसी प्रकार प्रत्येक सत्कर्म का आदेश देता है तथा प्रत्येक कुकर्म से मनाही करता है।

अल्लाह तआला ने फरमायाः

﴿إِنَّ ٱللَّهَ يَأۡمُرُ بِٱلۡعَدۡلِ وَٱلۡإِحۡسَٰنِ وَإِيتَآيِٕ ذِي ٱلۡقُرۡبَىٰ وَيَنۡهَىٰ عَنِ ٱلۡفَحۡشَآءِ وَٱلۡمُنكَرِ وَٱلۡبَغۡيِۚ يَعِظُكُمۡ لَعَلَّكُمۡ تَذَكَّرُونَ﴾ [النحل : ٩٠]

“अल्लाह तआला न्याय का, उपकार (भलाई) का और रिश्तेदारों के साथ सद् व्यवहार का आदेश देता है, तथा अश्लीलता (निर्लज्जता) के कार्यों, घृणास्पद बातों और अत्याचार से रोकता है, अल्लाह स्वयं तुम्हें नसीहत (सदुपदेश) कर रहा है ताकि तुम नसीहत (पाठ) प्राप्त करो।” (सूरतुन्-नह्लः९०)

इस्लाम के स्तम्भ

इस्लाम के स्तम्भ से मुराद वह आधारशिलाऐं हैं जिन पर इस्लाम क़ायम है, और यह पांच आधारशिलाऐं हैं जो इब्ने उमर रज़ियल्लाहु अन्हुमा की रिवायत की हुई नबी ﷺ की इस हदीस में वर्णित हैं:

«بُنِيَ الإِسْلَامُ عَلَى خَمْسَةٍ: عَلَى أَنْ يُوَحَّدَ اللهَ -وَفِيْ رِوَايَةٍ: عَلَى خَمْسٍ-: شَهَادَةُ أَنْ لاَ إِلَهَ إِلاَّ اللهُ، وَأَنَّ مُحَمَّداً عَبْدُهُ وَرَسُوْلُهُ، وَإِقَامُ الصَّلاَةِ، وَإِيْتَاءُ الزَّكَاةِ، وَصِيَامُ رَمَضَانَ، وَالْحَجُّ».

इस्लाम की नीव पाँच चीज़ों पर आधारित है: अल्लाह की वह्दानीयत का इक़रार करना -और एक रिवायत में है: इस्लाम की नीव पांच चीज़ों पर है-: इस बात की गवाही देना कि अल्लाह के अतिरिक्त कोई वास्तविक उपास्य नहीं और इस बात की गवाही देना कि मुहम्मद ﷺ अल्लाह के बन्दे और रसूल हैं, और नमाज़ स्थापित करना, और ज़कात (अनिवार्य धार्मिक-दान) देना, और रमज़ान के रोज़े (व्रत) रख़ना और हज्ज करना।

इस पर एक व्यक्ति ने कहा: हज्ज करना और रमज़ान के रोज़े रखना, इब्ने उमर ने फ़रमाया: नहीं, रमज़ान के रोज़े रखना और हज्ज करना, रसूलुल्लाह ﷺ से मैं ने ऐसा ही सुना है। यह हदीस बुख़ारी और मुस्लिम दोनों ने रिवायत किया है, किन्तु उपरोक्त शब्द मुस्लिम के हैं।

9 इस्लाम के प्रथम स्तम्भ अर्थात केवल अल्लाह तआला के वास्तविक उपास्य होने और मुहम्मद ﷺ के अल्लाह का बन्दा और रसूल होने की गवाही (साक्ष्य) देने का अर्थ यह है कि: मुख से जिस बात की गवाही दी जा रही है उस पर ऐसा दृढ़ विश्वास रखा जाए कि मानो बन्दा उसे देख रहा हो।

इस स्तम्भ में एक से अधिक बातों की शहादत होने के बावजूद उसे एक ही स्तम्भ माना गया है, उसका कारणः

या तो यह हो सकता है कि चूंकि रसूल ﷺ अल्लाह की ओर से संदेश पहुंचाने वाले हैं, इस लिए आप के लिए अल्लाह का बन्दा (उपासक) और रसूल होने की गवाही देना अल्लाह के वास्तविक उपास्य होने की गवाही देने का पूरक है।

और या तो इस का कारण यह हो कि इन दोनों चीज़ों की गवाही (यह दोनों गवाहियां) कार्यों के शुद्ध (उचित) होने और उसके स्वीकार किए जाने का आधार हैं, क्योंकि अल्लाह तआला के लिए इख़्लास और उसके रसूल ﷺ की सुन्नत का अनुसरण (पैरवी) किए बिना न तो कोई कार्य शुद्ध हो सकता है और न ही स्वीकार हो सकता है, इस प्रकार इख़्लास (निःस्वार्थता) के द्वारा अल्लाह तआला के वास्तविक उपास्य (माअ्बूद) होने की गवाही सम्पूर्ण होती है, और रसूल ﷺ के अनुसरण के द्वारा आप ﷺ के लिए अल्लाह का बन्दा और रसूल होने की गवाही सम्पूर्ण होती है।

इस गवाही के कुछ महान प्रतिफल यह हैं किः इसके द्वारा मनुष्य की दासता (गुलामी) और पैग़म्बरों के अतिरिक्त के अनुसरण (पैरवी) से हृदय और प्राण मुक्त हो जाता है।

❷ नमाज़ स्थापित करने का मतलब यह है किः नमाज़ को उसके ठीक समय और शुद्ध पद्वति (तरीक़ा) के अनुसार उचित और सम्पूर्ण रूप से अदा करके अल्लाह की इबादत की जाए।

नमाज़ के कुछ प्रतिफल यह हैं किः इस से हृदय को प्रफुल्लता और आँखों को ठंडक प्राप्त होती है, और व्यक्ति बुराईयों और अनुचित कामों से दूर भागता है।

❸ ज़कात (अनिवार्य धार्मिक-दान) देने का अर्थ यह है किः जिन सम्पत्तियों में ज़कात ज़रूरी है उन में से ज़कात की निर्धारित मात्रा निकाल कर अल्लाह तआला की उपासना (इबादत) की जाए।

इसके कुछ प्रतिफल यह हैं कि: इसके द्वारा आत्मा घटिया और तुच्छ स्वभाव (कंजूसी और बख़ीली) से पवित्र हो जाती है, और इस्लाम तथा मुसलमानों की आवश्यकताओं की पूर्ति होती है।

❽ रमज़ान का रोज़ा (व्रत) रखने का अर्थ यह है कि: रमज़ान के दिनों में रोज़ा तोड़ने वाली चीज़ों से रूक कर अल्लाह तआला की इबादत करना।

रमज़ान के रोज़े का एक प्रतिफल यह है कि: इस से अल्लाह तआला की प्रसन्नता प्राप्त करने के लिए नफ्स (आत्मा) को प्रिय चीज़ों के त्याग करने का प्रशिक्षण दिया जाता है।

❾ अल्लाह तआला के घर (कअ़बा) का हज्ज करने का अर्थ यह है कि: अल्लाह तआला की उपासना और आराधना में हज्ज के शआइर (कार्यों) को अदा करने के लिए अल्लाह के पवित्र घर की ज़ियारत करना।

हज्ज का एक प्रतिफल यह है कि: इस से अल्लाह तआला की इताअत में आर्थिक और शारीरिक बलिदान पेश करने पर आत्मा का अभ्यास होता है, यही कारण है कि हज्ज को अल्लाह के मार्ग में जिहाद का एक भाग बताया गया है।

इस्लाम के स्तम्भों के जो प्रतिफल हम ने ऊपर बयान किए हैं और जिन का बयान हम ने नहीं किया है यह सब कुछ इस्लामी उम्मत को एक स्वच्छ, पवित्र और निर्मल उम्मत बना देती है, जो सच्चे धर्म के साथ अल्लाह तआला की उपासना और आराधना करती है और मनुष्यों के साथ न्याय और सच्चाई का व्यवहार करती है, क्योंकि इस्लाम के स्तम्भों के अतिरिक्त जो इस्लाम के आदेश हैं वह इन्हीं स्तम्भों के ठीक और उचित होने के आधार पर ही उचित और ठीक हो सकते हैं, इसी प्रकार उम्मत की दशा और स्थिति उसी समय सुधर सकती है जब उसके धार्मिक मामले सुधर जायें, और उसके धार्मिक मामलों के सुधार में जिस मात्रा में अभाव होगा उसी मात्रा में उसकी स्थिति के सुधार और बेहतरी में अभाव पाया जायेगा।

जो इस बात का अधिक स्पष्टीकरण चाहता हो उसे अल्लाह तआला का यह कथन पढ़ना चाहिएः

﴿وَلَوْ أَنَّ أَهْلَ ٱلْقُرَىٰٓ ءَامَنُوا۟ وَٱتَّقَوْا۟ لَفَتَحْنَا عَلَيْهِم بَرَكَـٰتٍ مِّنَ ٱلسَّمَآءِ وَٱلْأَرْضِ وَلَـٰكِن كَذَّبُوا۟ فَأَخَذْنَـٰهُم بِمَا كَانُوا۟ يَكْسِبُونَ ﴿٩٦﴾ أَفَأَمِنَ أَهْلُ ٱلْقُرَىٰٓ أَن يَأْتِيَهُم بَأْسُنَا بَيَـٰتًا وَهُمْ نَآئِمُونَ ﴿٩٧﴾ أَوَأَمِنَ أَهْلُ ٱلْقُرَىٰٓ أَن يَأْتِيَهُم بَأْسُنَا ضُحًى وَهُمْ يَلْعَبُونَ ﴿٩٨﴾ أَفَأَمِنُوا۟ مَكْرَ ٱللَّهِ ۚ فَلَا يَأْمَنُ مَكْرَ ٱللَّهِ إِلَّا ٱلْقَوْمُ ٱلْخَـٰسِرُونَ﴾ [الأعراف: ٩٦-٩٩]

और यदि उन नगरों के निवासी ईमान ले आते तथा तक़्वा (संयम) अपनाते तो हम उन पर आकाश एवं धरती की बरकतें (विभूतियां) खोल देते, किन्तु उन्हों ने झुठलाया तो हम ने उनके कर्मों के कारण उन्हें पकड़ लिया, क्या फिर भी इन बस्तियों के निवासी इस बात से निश्चिन्त हो गए हैं कि उन पर हमारा प्रकोप रात्रि के समय आ पड़े जिस समय वह नींद में हों। तथा क्या इन बस्तियों के निवासी इस बात से निश्चिन्त हो गये हैं कि उन पर हमारा प्रकोप दिन चढ़े आ पड़े जिस समय वह अपने खेलों में व्यस्त हों। क्या वह अल्लाह की पकड़ से निश्चिन्त (निर्भय) हो गये, सो अल्लाह की पकड़ से वही लोग निश्चिन्त होते हैं जो क्षतिग्रस्त (घाटा उठाने वाले) हैं। (सूरतुल-आराफः ९६-९९)

इसी प्रकार स्पष्टिकरण (वज़ाहत) चाहने वाले को पिछली उम्मतों के इतिहास में भी विचार और चिंतन करना चाहिए, क्योंकि इतिहास में बुद्धिमान लोगों के लिए पाठ और उपदेश तथा जिसके हृदय पर पर्दा न पड़ा हो उसके लिये नसीहत है, और अल्लाह तआला ही सहायक है।

इस्लामी अक़ीदः के मूल आधार

इस्लाम धर्मः

जैसाकि पीछे बीत चुका है, अक़ीदः (श्रद्धा) और शरीअत (धर्म शास्त्र) का नाम है, और हम उसके कुछ आदेशों की ओर पिछली पंक्तियों में संकेत कर चुके हैं और उसके उन स्तम्भों का भी उल्लेख कर चुके हैं जो इस्लाम के आदेशों के लिए आधार समझे जाते हैं।

इस्लामी अक़ीदः के मूल आधर यह हैं:

अल्लाह पर ईमान लाना, अल्लाह के फरिश्तों पर ईमान लाना, उसकी उतारी हुई पुस्तकों पर ईमान लाना, उसके रसूलों पर ईमान लाना, आख़िरत के दिन पर ईमान लाना और भली बुरी तक़्दीर (भाग्य) (के अल्लाह की ओर से होने) पर ईमान लाना।

इन मूल आधारों पर अल्लाह तआला की पुस्तक (क़ुरआन) और उसके रसूल ﷺ की सुन्नत से प्रमाण पर्याप्त हैं।

क़ुरआन करीम में अल्लाह तआला फ़रमाता है:

﴿لَّيْسَ ٱلْبِرَّ أَن تُوَلُّوا۟ وُجُوهَكُمْ قِبَلَ ٱلْمَشْرِقِ وَٱلْمَغْرِبِ وَلَٰكِنَّ ٱلْبِرَّ مَنْ ءَامَنَ بِٱللَّهِ وَٱلْيَوْمِ ٱلْءَاخِرِ
وَٱلْمَلَٰٓئِكَةِ وَٱلْكِتَٰبِ وَٱلنَّبِيِّـۧنَ﴾ [البقرة: ١٧٧]

सारी अच्छाई पूर्व और पश्चिम की ओर मुख करने में ही नहीं, बल्कि वास्तव में अच्छा व्यक्ति वह है जो अल्लाह पर, आख़िरत के दिन पर, फरिश्तों पर, अल्लाह की किताब पर और पैगम्बरों पर ईमान रखने वाला हो। (सूरतुल-बक़राः १७७)

और तक़्दीर (भाग्य) के विषय में अल्लाह तआला फरमाता है:

﴿إِنَّا كُلَّ شَىْءٍ خَلَقْنَٰهُ بِقَدَرٍ ﴿٤٩﴾ وَمَآ أَمْرُنَآ إِلَّا وَٰحِدَةٌ كَلَمْحٍ بِٱلْبَصَرِ﴾ [القمر: ٤٩-٥٠]

निःसन्देह हम ने प्रत्येक चीज़ को एक निर्धारित अनुमान पर पैदा किया है। तथा हमारा आदेश केवल एक बार (का एक वाक्य) ही होता है जैसे आँख का झपकना। (सूरतुल-क़मरः४६-५०)

रसूल ﷺ की सुन्नत से यह प्रमाण है कि आप ने ईमान के विषय में जिब्रील अलैहिस्सलाम के प्रश्न के उत्तर में फरमायाः

«الإِيْمَانُ أَنْ تُؤْمِنَ بِاللهِ، وَمَلائِكَتِهِ، وَكُتُبِهِ، وَرُسُلِهِ، وَالْيَوْمِ الآخِرِ، وَتُؤْمِنَ بِالْقَدَرِ خَيْرِهِ وَشَرِّهِ». [رواه مسلم]

ईमान यह है कि तुम अल्लाह पर, उसके फरिश्तों पर, उसकी उतारी हुई पुस्तकों पर, उसके रसूलों पर और आख़िरत के दिन पर ईमान लाओ, और भली बुरी तक़्दीर (भाग्य) (के अल्लाह की ओर से होने पर) ईमान लाओ। (सहीह मुस्लिम)

अल्लाह तआला पर ईमान लाना

अल्लाह तआला पर ईमान लाने में चार चीज़ें सम्मिलित हैं:

प्रथमः अल्लाह तआला के वजूद (अस्तित्व) पर ईमान लानाः

अल्लाह तआला के वजूद (अस्तित्व) पर फितूरत (प्रकृति), बुद्धि, शरीअत और हिस् (इन्द्रिय-ज्ञान, चेतना) सभी तर्क (दलालत) करते हैं।

१ अल्लाह तआला के वजूद पर फ़ितूरत (प्रकृति) की दलालत (तर्क) यह है किः प्रत्येक मख़्लूक़ (प्राणी वर्ग) बिना किसी पूर्व सोच विचार या शिक्षा के प्राकृतिक रूप से अपने खालिक़ पर ईमान रखता है, इस प्राकृतिक तक़ाज़े से वही व्यक्ति विमुख हो सकता है जिसके हृदय पर उस से विमुख करने वाला कोई बाहरी प्रभाव अधिकार जमा ले, क्योंकि नबी ﷺ का फरमान हैः

«مَا مِنْ مَوْلُوْدٍ إِلاَّ وَ يُوْلَدُ عَلَى الْفِطْرَةِ، فَأَبَوَاهُ يُهَوِّدَانِهِ أَوْ يُنَصِّرَانِهِ أَوْ يُمَجِّسَانِهِ».

[رواه البخاري]

प्रत्येक पैदा होने वाला -शिशु- (इस्लाम) की फितूरत (प्रकृति) पर जन्म लेता है, फिर उसके माता-पिता उसे यहूदी बना देते हैं या ईसाई बना देते हैं या मजूसी (अग्नि पूजक) बना देते हैं। (सहीह बुखारी)

२ अल्लाह तआला के वजूद (अस्तित्व) पर बुद्धि की दलालत (तर्क) यह है किः सारे पिछले और आगामी जीव-जंतु के लिए ज़रूरी है कि उनका एक उत्पत्तिकर्ता हो जिस ने उनको पैदा किया हो, क्योंकि ऐसा सम्भव नहीं है कि जीव प्राणी स्वयं अपने आपको वजूद में लायें, और यह भी असम्भव है कि वह सहसा पैदा हो जायें।

कोई प्राणी (मख़लूक़) स्वयं अपने आपको इस लिए पैदा नहीं कर सकता क्योंकि

कोई वस्तु अपने आप को स्वयं पैदा नहीं कर सकती; क्योंकि अपने वजूद से पूर्व वह स्वयं अस्तित्व-हीन (मादूम) थी, फिर स्रष्टा (ख़ालिक़) कैसे हो सकती है?

और कोई प्राणी सहसा भी पैदा नहीं हो सकता क्योंकि प्रत्येक जन्मित के लिए एक जन्मदाता का होना अनिवार्य है, तथा इसलिए भी कि इस सृष्टि का इस अनोखे व्यवस्था और आपस में घनिष्ठ सम्बन्ध तथा सबब् (कारण) और मुसब्बब् (परिणाम) के मध्य गहरे ताल-मेल, इसी प्रकार संसार के अन्य भागों के मध्य सम्पूर्ण सहमति के साथ मौजूद होना इस बात को निश्चित रुप से नकारता है कि उनका वजूद सहसा हो, क्योंकि सहसा पैदा होने वाली वस्तु स्वयं अपनी वास्तविक उत्पत्ति के समय ही व्यवस्थित नहीं होती तो (उत्पन्न होने के पश्चात) अपनी स्थिरता और उन्नति की दशा में कैसे व्यवस्थित हो सकती है?!

और जब इस प्राणी वर्ग का स्वयं अपने आपको पैदा करना सम्भव नहीं है, इसी प्रकार इस का सहसा पैदा हो जाना भी असम्भव है, तो यह बात निश्चित हो जाती है कि उसका कोई उत्पत्तिकर्ता (पैदा करने वाला) और स्रष्टा है, और वह अल्लाह रब्बुल आलमीन (सर्वसंसार का पालनहार) है।

अल्लाह तआला ने सूरतुत्-तूर में इस अक़्ली (विवेकी) और निश्चित प्रमाण का वर्णन किया है, अल्लाह तआला का फ़रमान है:

﴿أَمْ خُلِقُوا مِنْ غَيْرِ شَيْءٍ أَمْ هُمُ الْخَالِقُونَ﴾ [الطور: ٣٥]

क्या यह लोग बिना किसी पैदा करने वाले के स्वयं पैदा हो गये हैं या यह स्वयं उत्पत्तिकर्ता (पैदा करने वाले) हैं। (सूरतूत-तूरः ३५)

अर्थातः न तो यह लोग बिना किसी पैदा करने वाले के खुद-बखुद पैदा हो गए हैं और न ही इन्हों ने अपने आप को स्वयं पैदा किया है, अतः यह बात निश्चित हो गई कि उनका पैदा करने वाला अल्लाह तबारक व तआला है।

यही कारण है कि जब जुबैर बिन मुत्इम् ﵁ ने रसूल ﷺ को सूरतुत्-तूर को पढ़ते हुए सुना और आप इन आयतों पर पहुंचेः

﴿أَمْ خُلِقُوا مِنْ غَيْرِ شَيْءٍ أَمْ هُمُ الْخَالِقُونَ ﴿٣٥﴾ أَمْ خَلَقُوا السَّمَاوَاتِ وَالْأَرْضَ بَل لَّا يُوقِنُونَ ﴿٣٦﴾ أَمْ عِندَهُمْ خَزَائِنُ رَبِّكَ أَمْ هُمُ الْمُصَيْطِرُونَ﴾ [الطور: ٣٥ - ٣٧]

क्या यह लोग बिना किसी पैदा करने वाले के स्वयं पैदा हो गये हैं या यह स्वयं उत्पत्तिकर्ता (पैदा करने वाले) हैं? क्या इन्हों ने आकाशों और धरती को पैदा किया है? बल्कि यह विश्वास न करने वाले लोग हैं। क्या इनके पास आप के रब (स्वामी) के ख़ज़ाने (कोषागार) हैं या (इन ख़ज़ानों के) ये रक्षक हैं। (सूरतुत-तूरः ३५-३७)

तो इन आयतों को सुन कर जुबैर ﵁ ने -जो उस समय तक मुश्रिक थे- कहा किः मेरा हृदय उड़ा जा रहा था, और यह प्रथम अवसर था कि मेरे हृदय में इस्लाम बैठ गया। (बुख़ारी)

इस मसूअले के स्पष्टिकरण के लिये हम एक मिसाल देते हैं: यदि कोई व्यक्ति आप को यह सूचना दे कि एक बेहतरीन भवन है जो बागीचों से घिरा हुआ है और उनके मध्य नहरें बह रही हैं और भवन पलंगों और क़ालीनों से सजाया हुआ और विभिन्न प्रकार के श्रृंगार की वस्तुओं से सुसज्जित है, और आप से कहे कि यह विशाल भवन अपनी समस्त गुणों और विशेषताओं के साथ स्वयं बन गया है, या बिना किसी पैदा करने वाले के सहसा यों ही विकसित हो गया है, तो आप तुरन्त उसको नकार देंगे और झुठलायेंगे, और उसकी बात को मूर्खता की बात समझेंगे, प्रश्न यह है कि जब एक भवन के बारे में बुद्धि इस बात को स्वीकार नहीं करती कि वह बिना किसी अविष्कारक (बनाने वाले) के स्वयं बन गया हो तो यह विशाल संसार अपनी धरती, आकाशों, गगनों और दशाओं और उसके अनूठे और विचित्र व्यवस्था के साथ स्वयं अपने आप को कैसे पैदा कर सकता है या बिना किसी पैदा करने वाले के सहसा कैसे वजूद में आ सकता है?!

3 अल्लाह तआला के वजूद पर शरीअत की दलालत यह है किः सारी आसमानी पुस्तकें इसको बयान कर रही हैं (साक्ष्य दे रही हैं), तथा उन पुस्तकों में मनुष्यों के कल्याण और भलाई पर आधारित जो आदेश हैं वह भी इस बात का प्रमाण हैं कि यह एक ऐसे सर्वबुद्धिमान रब (प्रभु) की ओर से हैं जो अपने

बन्दों की भलाईयों और हितों को भली-भांति जानता है, तथा उन पुस्तकों में जगत से संबन्धित जो सूचनायें हैं जिनकी सच्चाई का दुनिया मुशाहिदा कर चुकी है, वह भी इस बात का प्रमाण हैं कि यह एक ऐसे रब (प्रभु) की ओर से है जो अपनी सूचना दी हुई चीज़ों को वजूद में लाने पर क़ुदरत रखता है।

❽ अल्लाह तआला के वजूद पर हिस् (चेतना) की दलालत (तर्क) दो प्रकार से है:

प्रथमः हम देखते और सुनते हैं कि दुआ करने वालों की दुआ स्वीकार की जाती है और व्याकुल तथा पीड़ित लोगों की फर्याद पूरी होती है, जो निश्चित रूप से अल्लाह तआला के वजूद पर दलालत करती है, अल्लाह तआला ने फरमायाः

﴿وَنُوحًا إِذْ نَادَىٰ مِن قَبْلُ فَاسْتَجَبْنَا لَهُ﴾ [الأنبياء: ٧٦]

और नूह को याद करो जब उन्हों ने इस से पहले प्रार्थना की तो हम ने उनकी प्रार्थना स्वीकार की। (सूरतुल-अम्बियाः ७६)

तथा दूसरे स्थान पर फरमायाः

﴿إِذْ تَسْتَغِيثُونَ رَبَّكُمْ فَاسْتَجَابَ لَكُمْ﴾ [الأنفال: ٩]

उस समय को याद करो जब तुम अपने रब से फर्याद कर रहे थे तो अल्लाह ने तुम्हारी सुन ली। (सूरतुल-अनफालः६)

सहीह बुखारी में अनस बिन मालिक ﷺ से रिवायत है, वह बयान करते हैं कि नबी ﷺ जुमुआ का ख़ुत्बा दे रहे थे कि एक आराबी (देहाती) ने मस्जिद में प्रवेश किया और फर्याद की, ऐ अल्लाह के रसूल! धन नष्ट हो गए और बच्चे भुकमरी से पीड़ित हैं, आप अल्लाह से हमारे लिए (वर्षा की) दुआ कीजिये, आप ने अपने दोनों हाथ उठाए और प्रार्थना की, तो पर्वतों के समान बादल उठे और अभी आप मिम्बर से उतरे भी न थे कि मैं ने आप की दाढ़ी पर वर्षा का पानी गिरते देखा। फिर दूसरे जुमुआ को वही आराबी अथवा दूसरा व्यक्ति खड़ा हुआ और फर्याद की, ऐ अल्लाह के रसूल! घर ध्वस्त हो गए और धन-सम्पत्ति डूब गए, आप

अल्लाह से प्रार्थना कर दें कि वर्षा थम जाए, आप ने अपने हाथ उठाए और प्रार्थना की:

«اَللّٰهُمَّ حَوَالَيْنَا وَلَا عَلَيْنَا».

ऐ अल्लाह! हमारे आस पास बरसा, हम पर न बरसा।

रावी कहते हैं कि आप जिस ओर भी संकेत करते आसमान छट जाता।

आज भी यह बात देखी जाती है और स्वतः सिद्ध है कि सच्चे दिल से अल्लाह की ओर ध्यान गमन होने वालों और दुआ की स्वीकृति के शर्तों की पूर्ति करने वालों की प्रार्थना स्वीकार होती है।

द्वितीयः अल्लाह तआला के वजूद पर हिस् की दलालत का दूसरा पहलू यह है किः पैग़म्बरों की निशानियां जिनको मोजिज़ात (चमत्कार) के नाम से जाना जाता है, और जिनको लोग देखते हैं या उसके विषय में सुनते हैं, यह मोजिज़ात भी उन पैग़म्बरों को भेजने वाली ज़ात अर्थात अल्लाह तआला के वजूद पर निश्चित और अटल प्रमाण हैं, क्योंकि यह मोजिज़ात मानव जाति की ताक़त की सीमा से बाहर होते हैं, जिनको अल्लाह तआला अपने रसूलों की पुष्टि तथा उनकी सहायता और सहयोग के लिए प्रकट करता है।

इसका एक उदाहरण मूसा ﷺ का मोजिज़ा है, जब अल्लाह तआला ने उनको यह आदेश दिया कि समुद्र पर अपनी लाठी मारो, और उन्हों ने लाठी मारी तो समुद्र में बारह सूखे मार्ग बन गए और पानी उनके मध्य पर्वत के समान खड़ा हो गया, अल्लाह तआला का फरमान हैः

﴿ فَأَوْحَيْنَآ إِلَىٰ مُوسَىٰٓ أَنِ ٱضْرِب بِّعَصَاكَ ٱلْبَحْرَ فَٱنفَلَقَ فَكَانَ كُلُّ فِرْقٍ كَٱلطَّوْدِ ٱلْعَظِيمِ ﴾

[الشعراء: ٦٣]

हम ने मूसा की ओर वह्य (ईश्वाणी) भेजी कि समुद्र पर अपनी लाठी मारो, पस उसी समय समुद्र फट गया और पानी का प्रत्येक भाग बड़े पर्वत के समान हो गया। (सूरतुश्-शोअराः ६३)

दूसरा उदाहरणः ईसा ﷺ का मोजिज़ा है, वह अल्लाह की आज्ञा से मृतकों को जीवित करते थे और उनको उनकी समाधियों से निकाल खड़ा करते थे, उनके विषय में अल्लाह तआला ने फरमायाः

﴿وَأُحْيِ ٱلْمَوْتَىٰ بِإِذْنِ ٱللَّهِ﴾ [آل عمران: ٤٩]

और अल्लाह की आज्ञा से मृतकों को जीवित कर देता हूँ। (सूरत-आल् इम्रानः ४६)

और फरमायाः

﴿وَإِذْ تُخْرِجُ ٱلْمَوْتَىٰ بِإِذْنِى﴾ [المائدة: ١١٠]

और जब तुम मेरी आज्ञा से मृतकों को निकाल खड़ा कर देते थे। (सूरतुल-माईदाः ११०)

तीसरा उदाहरणः हमारे नबी मुहम्मद ﷺ का मोजिज़ा (चमत्कार) है, जब कुरैश ने आप से निशानी (चमत्कार) की मांग की तो आप ने चाँद की ओर संकेत किया और वह दो टुकड़े हो गया जिस को लोगों ने देखा, इसी का वर्णन करते हुए अल्लाह तआला फरमाता हैः

﴿ٱقْتَرَبَتِ ٱلسَّاعَةُ وَٱنشَقَّ ٱلْقَمَرُ ۝١ وَإِن يَرَوْا۟ ءَايَةً يُعْرِضُوا۟ وَيَقُولُوا۟ سِحْرٌ مُّسْتَمِرٌّ﴾ [القمر: ١-٢]

क़ियामत (महाप्रलय) निकट आगई और चाँद फट गाया। यह यदि कोई मोजिज़ा देखते हैं तो मुंह फेर लेते हैं और कह देते हैं कि यह पहले से चला आता हुआ जादू है। (सूरतुल क़मरः १-२)

यह महसूस निशानियां (चमत्कार) जिनको अल्लाह तआला अपने रसूलों की सहायता और सहयोग के लिए प्रस्तुत करता है, यह अल्लाह तआला के मौजूद होने पर निश्चित और अटल रूप से दलालत करती हैं।

द्वितीयः अल्लाह तआला की रुबूबियत पर ईमान लानाः

अल्लाह तआला की रुबूबियत पर ईमान लाने का अर्थ इस बात का वचन देना है कि अकेला अल्लाह ही रब (पालनहार और पालनकर्ता) है, उस में कोई उसका साझी और सहायक नहीं।

और रब वह है जिसके लिए खास हो स्रष्टा होना, स्वामी होना और हाकिम (शासक) होना, अतः अल्लाह के अतिरिक्त कोई स्रष्टा (खालिक़) नहीं, उसके

अतिरिक्त कोई स्वामी नहीं और उसके अतिरिक्त कोई हाकिम (शासक) नहीं, अल्लाह तआला ने फरमायाः

﴿أَلَا لَهُ ٱلۡخَلۡقُ وَٱلۡأَمۡرُ﴾ [الأعراف: ٥٤]

याद रखो ! अल्लाह ही के लिए विशेष है स्रष्टा होना और हाकिम (शासक) होना। (सूरतुल-आराफः ५४)

दूसरे स्थान पर फरमायाः

﴿ذَٰلِكُمُ ٱللَّهُ رَبُّكُمۡ لَهُ ٱلۡمُلۡكُۚ وَٱلَّذِينَ تَدۡعُونَ مِن دُونِهِۦ مَا يَمۡلِكُونَ مِن قِطۡمِيرٍ﴾ [فاطر: ١٣]

यही अल्लाह तुम सब का रब (प्रभु, पालनहार) है, उसी का राज्य और शासन है, और जिन्हें तुम उसके अतिरिक्त पुकारते हो वह तो खजूर की गुठली के छिल्के पर भी अधिकार नहीं रखते। (सूरत-फातिरः१३)

किसी भी व्यक्ति के विषय में यह उल्लेख नहीं है कि उस ने अल्लाह सुब्हानहु की रुबूबियत को अस्वीकार किया हो, सिवाय उस व्यक्ति के जो कठ हुज्जती करने वाला हो कि जो कुछ वह कहता है उस पर हृदय से विश्वास रखने वाला न हो, जैसा कि फिर्औन से ऐसा हुआ जब उसने अपनी जाति के लोगों से कहाः

﴿أَنَا۠ رَبُّكُمُ ٱلۡأَعۡلَىٰ﴾ [النازعات: ٢٤]

तुम सब का महान प्रभु मैं ही हूँ। (सूरतुन-नाज़िआतः २४)

और कहाः

﴿يَٰٓأَيُّهَا ٱلۡمَلَأُ مَا عَلِمۡتُ لَكُم مِّنۡ إِلَٰهٍ غَيۡرِي﴾ [القصص: ٣٨]

ऐ दरबारियो ! मैं तो अपने अतिरिक्त किसी को तुम्हारा पूज्य नहीं जानता। (सूरतुल-क़सस्ः ३८)

किन्तु फिर्औन का यह कथन विश्वास (श्रद्धा) के आधार पर नहीं था, जैसा कि अल्लाह तआला का फरमान हैः

﴿وَجَحَدُواْ بِهَا وَٱسۡتَيۡقَنَتۡهَآ أَنفُسُهُمۡ ظُلۡمٗا وَعُلُوّٗا﴾ [النمل: ١٤]

उन्हों ने केवल अत्याचार और घमंड के कारण इन्कार कर दिया हालांकि उनके हृदय विश्वास कर चुके थे। (सूरतुन-नम्लः १४)

तथा मूसा ﷺ ने फिर्औन से कहा, जैसा कि अल्लाह ने बयान किया है:

﴿ قَالَ لَقَدْ عَلِمْتَ مَآ أَنزَلَ هَٰٓؤُلَآءِ إِلَّا رَبُّ ٱلسَّمَٰوَٰتِ وَٱلْأَرْضِ بَصَآئِرَ وَإِنِّى لَأَظُنُّكَ يَٰفِرْعَوْنُ مَثْبُورًا ﴾ [الإسراء: ١٠٢]

यह तो तुझे ज्ञात हो चुका है कि आकाशों और धरती के प्रभु ही ने यह मोजिज़े (चमत्कार) दिखाने समझाने को अवतरित किए हैं, और ऐ फिर्औन ! मैं तो समझ रहा हूँ कि निः सन्देह तेरा सत्यानास हुआ है। (सूरतुल-इस्राः १०२)

यही कारण है कि मुशरिकीन (अनेकेश्वरवादी) अल्लाह तआला की उलूहियत (उपासना) में शिर्क करने के उपरान्त उसकी रुबूबियत को स्वीकार करते थे, जैसा कि अल्लाह ने फरमायाः

﴿ قُل لِّمَنِ ٱلْأَرْضُ وَمَن فِيهَآ إِن كُنتُمْ تَعْلَمُونَ ﴿٨٤﴾ سَيَقُولُونَ لِلَّهِ ۚ قُلْ أَفَلَا تَذَكَّرُونَ ﴿٨٥﴾ قُلْ مَن رَّبُّ ٱلسَّمَٰوَٰتِ ٱلسَّبْعِ وَرَبُّ ٱلْعَرْشِ ٱلْعَظِيمِ ﴿٨٦﴾ سَيَقُولُونَ لِلَّهِ ۚ قُلْ أَفَلَا تَتَّقُونَ ﴿٨٧﴾ قُلْ مَنۢ بِيَدِهِۦ مَلَكُوتُ كُلِّ شَىْءٍ وَهُوَ يُجِيرُ وَلَا يُجَارُ عَلَيْهِ إِن كُنتُمْ تَعْلَمُونَ ﴿٨٨﴾ سَيَقُولُونَ لِلَّهِ ۚ قُلْ فَأَنَّىٰ تُسْحَرُونَ ﴾ [المؤمنون: ٨٤-٨٩]

पूछिए तो सही कि धरती और उसकी सारी चीज़ें किस की हैं? यदि तुम जानते हो तो बतलाओ। वह तुरन्त उत्तर देंगे कि अल्लाह की, कह दीजिए कि फिर तुम पाठ ग्रहण क्यों नहीं करते। पूछिए कि सातों आकाशों और विराट सिंहासन (अर्शे अज़ीम) का स्वामी कौन है? वह उत्तर देंगे कि अल्लाह की है, कह दीजिए कि फिर तुम क्यों नहीं डरते। पूछिए कि समस्त चीज़ों का अधिकार (प्रभुत्ता) किस के हाथ में है? जो शरण देता है और जिसके विरोध में कोई शरण नहीं दिया जाता, यदि तुम जानते हो तो बतलाओ। वह उत्तर देंगे कि अल्लाह की है, कह दीजिए कि फिर तुम किधर से जादू कर दिए जाते हो। (सूरतुल-मूमिनूनः ८४-८९)

तथा दूसरे स्थान पर फरमायाः

﴿ وَلَئِن سَأَلْتَهُم مَّنْ خَلَقَ ٱلسَّمَٰوَٰتِ وَٱلْأَرْضَ لَيَقُولُنَّ خَلَقَهُنَّ ٱلْعَزِيزُ ٱلْعَلِيمُ ﴾ [الزخرف: ٩]

यदि आप उन से प्रश्न करें कि आकाशों और धरती की रचना किस ने की है? तो निः सन्देह उनका यही उत्तर होगा कि उन्हें सर्वशक्तिमान और सर्वज्ञानी अल्लाह ही ने पैदा किया है। (सूरतुज़-जुख़रूफ़: ९)

तथा फरमायाः

﴿وَلَئِن سَأَلْتَهُم مَّنْ خَلَقَهُمْ لَيَقُولُنَّ ٱللَّهُ فَأَنَّىٰ يُؤْفَكُونَ﴾ [الزخرف: ٨٧]

यदि आप उन से पूछें कि उन्हें किस ने पैदा किया है? तो अवश्य यही उत्तर देंगे कि अल्लाह ने, फिर यह कहाँ उलटे जा रहे हैं। (सूरतुज़-जुख़रूफ़: ८७)

अल्लाह सुब्हानहु का आदेश उसके अम्र कौनी (जगत से संबंधित मामलों) तथा अम्र शरई (शरीअत के मामलों) दोनों को सम्मिलित है, चुनांचे जिस प्रकार अल्लाह तआला संसार के मामलों का व्यवस्थापक और अपनी हिक्मत (नीति) के तक़ाज़े के अनुसार जिस चीज़ का चाहे फैसला करने वाला है, उसी प्रकार अपनी हिक्मत के तक़ाज़ों के अनुसार उसके अन्दर इबादतें (उपासनायें) मशरूअ करने वाला और मामलों के नियमों की रचना करने वाला है, अतः जिस व्यक्ति ने अल्लाह के साथ किसी अन्य को इबादतों (उपासनाओं) को मशरूअ करने वाला अथवा मामलों का निर्णय करने वाला बनाया उस ने अल्लाह के साथ शिर्क किया और ईमान की पूर्ति नहीं की।

तृतीयः अल्लाह तआला की उलूहियत (उपासना) पर ईमान लानाः

अल्लाह तआला की उलूहियत पर ईमान लाने का अर्थ इस बात का वचन देना है कि अकेला अल्लाह ही सच्चा पूज्य है, उसका कोई साझी नहीं।

‘‘इलाह’’ का शब्द ‘‘मालूह’’ अथवा ‘‘माबूद‘‘ के अर्थ में है, और मालूह या माबूद से अभिप्राय वह ज़ात है जिस की प्रेम और सम्मान तथा प्रतिष्ठा के साथ इबादत की जाए, अल्लाह तआला ने फरमायाः

﴿وَإِلَٰهُكُمْ إِلَٰهٌ وَٰحِدٌ لَّآ إِلَٰهَ إِلَّا هُوَ ٱلرَّحْمَٰنُ ٱلرَّحِيمُ﴾ [البقرة: ١٦٣]

तुम सब का पूज्य (माबूद) एक ही पूज्य है, उसके अतिरिक्त कोई सच्चा पूज्य नहीं, वह बहुत दया करने वाला, अति कृपालू है। (सूरतुल-बक़रा:१६३)

दूसरे स्थान पर फरमायाः

﴿ شَهِدَ ٱللَّهُ أَنَّهُۥ لَآ إِلَٰهَ إِلَّا هُوَ وَٱلْمَلَٰٓئِكَةُ وَأُوْلُواْ ٱلْعِلْمِ قَآئِمَۢا بِٱلْقِسْطِ ۚ لَآ إِلَٰهَ إِلَّا هُوَ ٱلْعَزِيزُ ٱلْحَكِيمُ ﴾ [آل عمران: ١٨]

अल्लाह तआला और फरिश्ते तथा ज्ञानी इस बात की गवाही देते हैं कि अल्लाह के अतिरिक्त कोई पूज्य नहीं और वह न्याय को क़ाइम रखने वाला है, उस सर्वशक्तिमान और हिक्मत वाले के अतिरिक्त कोई उपासना के योग्य नहीं। (सूरतु-आल इम्रानः १८)

अल्लाह के साथ जिस चीज़ को भी पूज्य ठहरा कर अल्लाह के अतिरिक्त उसकी इबादत की जाए उसकी उलूहियत (उपासना) असत्य है, अल्लाह तआला ने फरमायाः

﴿ ذَٰلِكَ بِأَنَّ ٱللَّهَ هُوَ ٱلْحَقُّ وَأَنَّ مَا يَدْعُونَ مِن دُونِهِۦ هُوَ ٱلْبَٰطِلُ وَأَنَّ ٱللَّهَ هُوَ ٱلْعَلِيُّ ٱلْكَبِيرُ ﴾ [الحج: ٦٢]

यह सब इस लिए कि अल्लाह ही सत्य है और उसके अतिरिक्त जिसे भी यह पुकारते हैं वह असत्य है, और निःसन्देह अल्लाह ही सर्वोच्च और महान है। (सूरतुल-हज्जः ६२)

अल्लाह के अतिरिक्त असत्य पूजा पात्रों का नाम पूज्य (माबूद) रख लेने से उन्हें उलूहियत (उपासना) का अधिकार नहीं प्राप्त हो जाता, अल्लाह तआला ने ''लात'', ''उज़्ज़ा'' और ''मनात'' के विषय में फरमायाः

﴿ إِنْ هِيَ إِلَّآ أَسْمَآءٌ سَمَّيْتُمُوهَآ أَنتُمْ وَءَابَآؤُكُم مَّآ أَنزَلَ ٱللَّهُ بِهَا مِن سُلْطَٰنٍ ﴾ [النجم: ٢٣]

वास्तव में यह केवल नाम हैं जो तुम ने और तुम्हारे बाप दादाओं ने उनके रख लिए हैं, अल्लाह ने उनका कोई प्रमाण नहीं उतारा। (सूरतुन-नज्मः२३)

और यूसुफ عليه السلام के विषय में फरमाया कि उन्हों ने अपने जेल के साथियों से कहाः

﴿ ءَأَرْبَابٌ مُّتَفَرِّقُونَ خَيْرٌ أَمِ ٱللَّهُ ٱلْوَٰحِدُ ٱلْقَهَّارُ ﴿٣٩﴾ مَا تَعْبُدُونَ مِن دُونِهِۦٓ إِلَّآ أَسْمَآءً سَمَّيْتُمُوهَآ أَنتُمْ وَءَابَآؤُكُم مَّآ أَنزَلَ ٱللَّهُ بِهَا مِن سُلْطَٰنٍ ﴾ [يوسف: ٣٩-٤٠]

(भला बतलाओ कि) क्या अलग अलग (विभिन्न) अनेक पूज्य (माबूद) अच्छे हैं या

एक अकेला अल्लाह? जो सर्वशक्तिमान और सब पर भारी है। उसके अतिरिक्त तुम जिनकी पूजा पाट करते हो वह सब केवल नाम ही नाम हैं जो तुम ने और तुम्हारे बाप दादाओं ने स्वयं ही रख लिए हैं, अल्लाह ने उनकी कोई सनद नहीं उतारी है। (सूरतु यूसुफः ३९-४०)

और हूद ﷺ के बारे में फरमाया कि उन्होंने अपनी क़ौम से कहाः

﴿أَتُجَٰدِلُونَنِي فِيٓ أَسۡمَآءٖ سَمَّيۡتُمُوهَآ أَنتُمۡ وَءَابَآؤُكُم مَّا نَزَّلَ ٱللَّهُ بِهَا مِن سُلۡطَٰنٖ﴾

[الأعراف: ٧١]

क्या तुम मुझ से ऐसे नामों के बारे में झगड़ते हो जिनको तुम ने और तुम्हारे बाप दादों ने ठहरा लिया है? उनके पूज्य होने की अल्लाह ने कोई प्रमाण नहीं उतारी। (सूरतुल-आराफः ७१)

इसी लिए समस्त पैग़म्बर अलैहिमुस्सलातो वस्सलाम अपनी अपनी क़ौम से यही कहते थेः

﴿ٱعۡبُدُواْ ٱللَّهَ مَا لَكُم مِّنۡ إِلَٰهٍ غَيۡرُهُۥٓ﴾ [الأعراف: ٥٩]

तुम अल्लाह की उपासना करो, उसके अतिरिक्त तुम्हारा कोई उपास्य नहीं। (सूरतुल-आराफः ५९)

किन्तु मुशरिकीन (अनेकेश्वरवादियों) ने उस आमन्त्रण को अस्वीकार कर दिया, और अल्लाह के अतिरिक्त उन्हों ने पूजा पात्र बना लिए, जिनकी वह अल्लाह के साथ पूजा करते, उन से सहायता मांगते और उन से फर्याद करते थे।

अल्लाह तआला ने मुश्रिकों के अल्लाह के अतिरिक्त अन्य लोगों को पूजा पात्र बनाने को दो अक़्ली प्रमाणों से असत्य घोषित किया हैः

प्रथम प्रमाणः यह कि मुशरिकीन ने जिनको पूज्य बनाया है उनके अन्दर उलूहियत (पूज्य होने) की कोई भी विशेषता नहीं पाई जाती, यह स्वयं पैदा किये गए हैं, पैदा नहीं कर सकते, और न ही अपने पूजने वालों को कोई लाभ पहुंचा सकते हैं, न उनसे कोई हानि (आपत्ति) टाल सकते हैं, न उनके लिए जीवन और मृत्यु

का अधिकार रखते हैं, और न ही आकाशों में किसी चीज़ के मालिक या उसके भागीदार हैं, अल्लाह तआला ने फरमाया:

﴿وَٱتَّخَذُواْ مِن دُونِهِۦٓ ءَالِهَةً لَّا يَخْلُقُونَ شَيْـًٔا وَهُمْ يُخْلَقُونَ وَلَا يَمْلِكُونَ لِأَنفُسِهِمْ ضَرًّا وَلَا نَفْعًا وَلَا يَمْلِكُونَ مَوْتًا وَلَا حَيَوٰةً وَلَا نُشُورًا﴾ [الفرقان: ٣]

उन लोगों ने अल्लाह के अतिरिक्त ऐसे पूजा पात्र बना रखे हैं जो किसी चीज़ को पैदा नहीं कर सकते, बल्कि वह स्वयं पैदा किए जाते हैं, यह तो अपने प्राण के लिए हानि और लाभ का भी अधिकार नहीं रखते और न मृत्यु और जीवन के और न पुनः जीवित होने के वह मालिक हैं। (सूरतुल-फुर्क़ान:३)

दूसरे स्थान पर फरमाया:

﴿قُلِ ٱدْعُواْ ٱلَّذِينَ زَعَمْتُم مِّن دُونِ ٱللَّهِ لَا يَمْلِكُونَ مِثْقَالَ ذَرَّةٍ فِى ٱلسَّمَٰوَٰتِ وَلَا فِى ٱلْأَرْضِ وَمَا لَهُمْ فِيهِمَا مِن شِرْكٍ وَمَا لَهُۥ مِنْهُم مِّن ظَهِيرٍ ﴿٢٢﴾ وَلَا تَنفَعُ ٱلشَّفَٰعَةُ عِندَهُۥٓ إِلَّا لِمَنْ أَذِنَ لَهُۥ﴾ [سبأ: ٢٢-٢٣]

कह दीजिए ! अल्लाह के अतिरिक्त जिन जिन का तुम्हें भ्रम है सब को पुकार लो, न उन में से किसी को आकाशों तथा धरती में से एक कण का अधिकार है, न उनका उनमें कोई भाग है और न उन में से कोई अल्लाह का सहायक है। और सिफारिश (शफाअत) भी उसके पास कुछ लाभ नहीं देती सिवाय उनके जिनके लिए वह आज्ञा दे दे। (सूरत सबाः २२,२३)

तथा फरमाया:

﴿أَيُشْرِكُونَ مَا لَا يَخْلُقُ شَيْـًٔا وَهُمْ يُخْلَقُونَ ﴿١٩١﴾ وَلَا يَسْتَطِيعُونَ لَهُمْ نَصْرًا وَلَآ أَنفُسَهُمْ يَنصُرُونَ﴾ [الأعراف: ١٩١-١٩٢]

क्या वह ऐसों को साझी ठहराते हैं जो किसी चीज़ को पैदा न कर सकें और वह स्वयं ही पैदा किए गए हों। और न वह उनकी किसी प्रकार की सहायता कर सकते हैं और न ही स्वयं अपनी सहायता करने की शक्ति रखते हैं। (सूरतुल्-आराफः १६१,१६२)

और जब इन पूजा पात्रों की यह दशा है तो इनको पूज्य बनाना अति मूर्खता और बड़ा बेकार काम है।

द्वितीय प्रमाणः यह मुश्रिकीन इस बात को स्वीकार करते थे कि अल्लाह तआला ही अकेला पालनहार और स्रष्टा है जिसके हाथ में प्रत्येक चीज़ का अधिकार और प्रभुत्ता है, वही शरण देता है उसके विरूद्ध कोई शरण नहीं दे सकता, यह सब इस बात को अनिवार्य कर देता है कि जिस प्रकार वह अल्लाह तआला की रुबूबियत (स्रष्टा, उत्पत्तिकर्ता, और स्वामी आदि होने) में वहदानित (अद्वैता) को स्वीकार करने वाले हैं उसी प्रकार उलूहियत (एकमात्र पूज्य होने) में भी अल्लाह की वहदानित (अद्वैता) को स्वीकार करें, जैसाकि अल्लाह तआला का फरमान हैः

﴿يَٰٓأَيُّهَا ٱلنَّاسُ ٱعْبُدُوا۟ رَبَّكُمُ ٱلَّذِى خَلَقَكُمْ وَٱلَّذِينَ مِن قَبْلِكُمْ لَعَلَّكُمْ تَتَّقُونَ ﴿٢١﴾ ٱلَّذِى جَعَلَ
لَكُمُ ٱلْأَرْضَ فِرَٰشًا وَٱلسَّمَآءَ بِنَآءً وَأَنزَلَ مِنَ ٱلسَّمَآءِ مَآءً فَأَخْرَجَ بِهِۦ مِنَ ٱلثَّمَرَٰتِ رِزْقًا لَّكُمْ ۖ فَلَا
تَجْعَلُوا۟ لِلَّهِ أَندَادًا وَأَنتُمْ تَعْلَمُونَ﴾ [البقرة: ٢١-٢٢]

ऐ लोगो! अपने उस रब (प्रभु) की उपासना करो जिस ने तुम्हें और तुम से पूर्व के लोगों को पैदा किया, ताकि तुम अल्लाह से डरने वाले (मुत्तक़ी) बन जाओ। जिस ने तुम्हारे लिए धरती को बिछौना और आकाश को छत बनाया और आकाश से वर्षा बरसा कर उस से फल पैदा करके तुम्हें जीविका प्रदान की, अतः जानते हुए अल्लाह के समकक्ष (शरीक) न बनाओ। (सूरतुल-बक़राः २१,२२)

दूसरे स्थान पर फरमायाः

﴿وَلَئِن سَأَلْتَهُم مَّنْ خَلَقَهُمْ لَيَقُولُنَّ ٱللَّهُ ۖ فَأَنَّىٰ يُؤْفَكُونَ﴾ [الزخرف: ٨٧]

यदि आप उन से पूछें कि उन्हें किस ने पैदा किया है? तो अवश्य यही उत्तर देंगे कि अल्लाह ने, फिर यह कहाँ उलटे जाते हैं। (सूरतुज़-ज़ुख़रूफ़ः ८७)

तथा फरमायाः

﴿قُلْ مَن يَرْزُقُكُم مِّنَ ٱلسَّمَآءِ وَٱلْأَرْضِ أَمَّن يَمْلِكُ ٱلسَّمْعَ وَٱلْأَبْصَٰرَ وَمَن يُخْرِجُ ٱلْحَىَّ مِنَ ٱلْمَيِّتِ
وَيُخْرِجُ ٱلْمَيِّتَ مِنَ ٱلْحَىِّ وَمَن يُدَبِّرُ ٱلْأَمْرَ ۚ فَسَيَقُولُونَ ٱللَّهُ ۚ فَقُلْ أَفَلَا تَتَّقُونَ ﴿٣١﴾ فَذَٰلِكُمُ ٱللَّهُ
رَبُّكُمُ ٱلْحَقُّ ۖ فَمَاذَا بَعْدَ ٱلْحَقِّ إِلَّا ٱلضَّلَٰلُ ۖ فَأَنَّىٰ تُصْرَفُونَ﴾ [يونس: ٣١-٣٢]

आप कहिए वह कौन है जो तुम को आकाश और धरती से जीविका प्रदान करता है अथवा वह कौन है जो कानों और आँखों पर अधिकार रखता है, तथा वह

कौन है जो निर्जीव से सजीव को और सजीव से निर्जीव को निकालता है, और वह कौन है जो संसार के कार्यों का संचालन करता है? तो इसके उत्तर में यह (अनेकेश्वरवादी) अवश्य कहेंगे कि अल्लाह तआला। तो इन से पूछिये कि फिर क्यों नहीं डरते। सो यह है अल्लाह तआला जो तुम्हारा वास्तविक रब (प्रभु) है, फिर सत्य के पश्चात और क्या रह गया सिवाय पथ भ्रष्ट के, फिर कहाँ फिरे जाते हो? (सूरः यूनुसः३१,३२)

चतुर्थः अल्लाह तआला के अस्मा व सिफात (नामों और गुणों) पर ईमान लानाः

अल्लाह तआला के अस्मा व सिफात (नामों व गुणों) पर ईमान लाने का अर्थ यह है कि अल्लाह ने अपनी पुस्तक में या अपने रसूल ﷺ की सुन्नत में अपने लिए जो नाम व सिफात सिद्ध किए हैं उनको अल्लाह तआला के प्रतिष्ठा योग्य उसके लिए सिद्ध किया जाए, इस प्रकार कि उनके अर्थ में हेर फेर न किया जाए, उनको अर्थहीन न किया जाए, उनकी कैफियत (दशा) न निर्धारित की जाए तथा किसी जीव प्राणी से उपमा (तश्बीह) न दी जाए, अल्लाह तआला ने फरमायाः

﴿وَلِلَّهِ ٱلْأَسْمَآءُ ٱلْحُسْنَىٰ فَٱدْعُوهُ بِهَا ۖ وَذَرُوا۟ ٱلَّذِينَ يُلْحِدُونَ فِىٓ أَسْمَٰٓئِهِۦ ۚ سَيُجْزَوْنَ مَا كَانُوا۟ يَعْمَلُونَ﴾ [الأعراف: ١٨٠]

और अच्छे अच्छे नाम अल्लाह ही के लिए हैं, अतः उन्ही नामों से उसे नामांकित करो, और ऐसे लोगों से संबंध भी न रखो जो उसके नामों में सत्य मार्ग से हटते हैं (या टेढ़ापन करते हैं), उनको उनके किये का दण्ड अवश्य मिलेगा। (सूरतुल-आराफ़ः १८०)

दूसरे स्थान पर फरमायाः

﴿وَلَهُ ٱلْمَثَلُ ٱلْأَعْلَىٰ فِى ٱلسَّمَٰوَٰتِ وَٱلْأَرْضِ ۚ وَهُوَ ٱلْعَزِيزُ ٱلْحَكِيمُ﴾ [الروم: ٢٧]

उसी की उत्तम तथा सर्वोच्च विशेषता है आकाशों में तथा धरती में भी, वही सर्वशक्तिमान और हिक्मत वाला है। (सूरतुर-रूमः२७)

तथा फरमायाः

﴿لَيۡسَ كَمِثۡلِهِۦ شَيۡءٞۖ وَهُوَ ٱلسَّمِيعُ ٱلۡبَصِيرُ﴾ [الشورى: ١١]

उसके समान कोई वस्तु नहीं, और वह सुनने वाला और देखने वाला है। (सूरतुश्-शूराः ११)

इस विषय में दो सम्प्रदाय पथ-भ्रष्ट (गुमराह) हो गए हैं:

पहला सम्प्रदायः ((मुअत्तिला)) का है जिन्हों ने अल्लाह के अस्मा व सिफात या उन में से कुछ को अस्वीकार किया है, उनका विचार यह है कि अल्लाह के लिए अस्मा व सिफात प्रमाणित करने से तश्बीह (सादृश्य और समानता) लाज़िम आती है, अर्थात अल्लाह को मख़्लूक़ के सदृश्य और समान कर देना लाज़िम आता है, किन्तु उनका यह भ्रम (विचारधारा) कई कारणों से असत्य है, जिन में से दो निम्नलिखित हैं:

१ पहला कारण यह है कि इस कथन से कई असत्य (बातिल) चीज़ें लाज़िम आती (निष्कर्षित होती) हैं उदाहरणतः अल्लाह तआला के कलाम में मतभेद और टकराव लाज़िम आता है, क्योंकि अल्लाह तआला ने अपने लिए अस्मा व सिफ़ात साबित किए हैं और इस बात की मनाही की है कि उसके सदृश्य और समान कोई वस्तु हो, अतः यदि अस्मा व सिफात को सिद्ध करने से तश्बीह लाज़िम आती है तो इस से यह निष्कर्ष होता (लाज़िम आता) है कि अल्लाह तआला के कथन में मतभेद है और उसका एक कथन दूसरे कथन को झुठलाता है।

२ दूसरा कारण यह है कि दो चीज़ों का नाम या गुण में एक जैसा होने से यह अवश्य नहीं हो जाता कि वह दोनों समान और बराबर हों, उदाहरण स्वरूप आप देखते हैं कि दो व्यक्ति इस बात में एक हैं कि वह मानव, सुनने वाले, देखने वाले और बात चीत करने वाले हैं, किन्तु इस से यह अवश्य नहीं हो जाता (लाज़िम नहीं आता) है कि वह दोनो मानवता में, सुनने में, देखने में और बात चीत करने में एक दूसरे के समान और बराबर हों। इसी प्रकार आप

जानवरों को देखते हैं कि उनके पास हाथ, पैर और आँखें हैं, किन्तु उनके इन समस्त चीज़ों में एक होने से यह लाज़िम नहीं आता कि उनके हाथ, पैर और आँखें एक दम समान और एक दूसरे के सदृश्य (हम शक्ल) हों।

जब अस्मा व सिफात (नामों और गुणों) में समान होने के उपरान्त मख़्लूक़ात के मध्य इतना अन्तर और मतभेद है, तो ख़ालिक़ और मख़्लूक़ के मध्य कहीं अधिक और प्रत्यक्ष अन्तर और इख़्तिलाफ होगा।

दूसरा सम्प्रदायः ((मुशब्बिहा)) का है, जिन्हों ने अल्लाह तआला के लिए अस्मा व सिफात को साबित (सिद्ध) माना, किन्तु अल्लाह तआला को उसके मख़्लूक़ के समान और बराबर क़रार दिया, उनका विचार यह है कि (किताब व सुन्नत के) नुसूस की दलालत का यही तक़ाज़ा है, क्यों कि अल्लाह तआला बन्दों को उसी चीज़ के द्वारा सम्बोधित करता है जिसे वह समझ सकें, यह विचार धारा भी कई कारणों से असत्य है, जिन में से दो कारण निम्नलिखित हैं:

- **प्रथम कारणः** यह है कि अल्लाह तआला को उसके मख़्लूक़ के समान क़रार देना असत्य है, जिसका बुद्धि और शरीअत दोनों ही खंडन करते हैं, और यह असम्भव है कि किताब व सुन्नत के नुसूस का तक़ाज़ा कोई असत्य चीज़ हो।

- **द्वितीय कारणः** यह है कि अल्लाह तआला ने बन्दों को उसी चीज़ के द्वारा समबोधित किया है जिसे वह मूल अर्थ के एतेबार से समझ सकें, किन्तु जहाँ तक उसकी ज़ात और गुणों से संबंधित अर्थों की वास्तविकता और यथार्थता का संबंध है तो इसके ज्ञान को अल्लाह तआला ने अपने साथ विशेष कर रखा है।

जब अल्लाह तआला ने अपने लिए यह सिद्ध किया है कि वह 'समीअ' (सुनने वाला) है, तो 'सम्अ' (सुनने) का मूल अर्थ ज्ञात है, और वह है आवाज़ (स्वर) का इद्राक करना, किन्तु अल्लाह के लिए उस सुनने की वास्तविकता मालूम नहीं है, क्योंकि सुनने की वास्तविकता स्वयं मख़्लूक़ात में भी भिन्न होती है, तो ख़ालिक़ और मख़्लूक़ के मध्य यह भिन्नता और अन्तर अधिक प्रत्यक्ष और महान होगी।

इसी प्रकार जब अल्लाह तआला ने अपने विषय में यह सूचना दी है कि वह अपने अर्श (सिंहासन) पर मुस्तवी है, तो इस्तिवा का मूल अर्थ ज्ञात है, किन्तु अल्लाह तआला के अर्श पर मुस्तवी होने की वास्तविकता ज्ञात नहीं, क्योंकि स्वयं मख्लूक़ के बीच इस्तिवा की वास्तविकता भिन्न होती है, चुनांचे किसी स्थिर कुर्सी पर मुस्तवी होना एक बिदकूने वाले हठी ऊंट के कजावे पर बैठने के समान नहीं, और जब मख्लूक़ के बीच इस्तिवा में इतना अन्तर और भिन्नता है तो खालिक़ और मख्लूक़ के इस्तिवा के बीच कितना प्रत्यक्ष और व्यापक अन्तर होगा।

अल्लाह तआला पर ईमान लाने के फायदेः

उपरोक्त वर्णित रूप से अल्लाह तआला पर ईमान लाने से मोमिनों को महान लाभ प्राप्त होते हैं, जिन में से कुछ यह हैं:

1. अल्लाह के तौहीद की इस प्रकार पूर्ति करना कि उसके पश्चात बन्दा आशा और भय में अल्लाह के अतिरिक्त किसी अन्य से संबंध नहीं रखता, और न ही अल्लाह के अतिरिक्त किसी की उपासना करता है।

2. अल्लाह तआला के अच्छे नामों और सर्वोच्च गुणों के तकाज़े के अनुसार अल्लाह तआला का प्रेम और सम्मान सम्पूर्णता (कमाल) को पहुंचता है।

3. अल्लाह तआला की पूर्ण रूप से इबादत, वह इस प्रकार कि बन्दा अल्लाह तआला के आदेशों का पालन करता है और उसकी मनाही की हुई चीज़ों से बचता है।

ईमान के मूल आधार

फरिश्तों पर ईमान लाना

फरिश्ते अनदेखी (अदृश्य, अंतर्धान) मख़्लूक़ (प्राणी वर्ग) हैं जो अल्लाह तआला की इबादत करते हैं, उन्हें रुबूबियत और उलूहियत की विशेषताओं में से किसी भी चीज़ का अधिकार नहीं, अल्लाह तआला ने उन्हें नूर (प्रकाश) से पैदा किया है और उन्हें अपने आदेश का सम्पूर्ण अनुपालन और उसे लागु करने की भर पूर शक्ति प्रदान की है।

अल्लाह तआला ने फरमाया:

﴿وَمَنْ عِندَهُۥ لَا يَسْتَكْبِرُونَ عَنْ عِبَادَتِهِۦ وَلَا يَسْتَحْسِرُونَ ۝١٩ يُسَبِّحُونَ ٱلَّيْلَ وَٱلنَّهَارَ لَا يَفْتُرُونَ﴾ [الأنبياء: ١٩-٢٠]

तथा जो (फरिश्ते) उसके पास हैं वह उसकी उपासना से न अहंकार करते हैं और न थकते हैं। वह दिन-रात उसकी पवित्रता बयान करते हैं और तनिक सा भी आलस्य नहीं करते। (सूरतुल अम्बियाः १६,२०)

फरिश्तों की संख्या बहुत अधिक है, अल्लाह तआला के अतिरिक्त किसी के पास उसकी गिन्ती नहीं, सहीहैन (बुख़ारी व मुस्लिम) में अनस् ﵁ की हदीस में मेराज की घटना के संदर्भ में प्रमाणित है कि नबी ﷺ को आकाश में बैतुल मामूर दिखाया गया जिस में प्रति दिन सत्तर हज़ार फरिश्ते नमाज़ पढ़ते हैं, और जब उस से बाहर आ जाते हैं तो फिर पुनः उस में जाने की बारी नहीं आती है।

फरिश्तों पर ईमान लाने में चार चीज़ें सम्मिलित हैं:

प्रथमः उनके वजूद (अस्तित्व) पर ईमान लाना।

द्वितीयः उन में से जिन के नाम हमें ज्ञात हैं (उदाहरणतः जिब्रील अलैहिस्सलाम) उन पर उनके नाम के साथ ईमान लाना, और जिनके नाम ज्ञात नहीं उन पर सार (इज्माली) रूप से ईमान लाना।

तृतीयः उनकी जिन विशेषताओं को हम जानते हैं उन पर ईमान लाना, उदाहरण स्वरूप जिब्रील ﷺ की विशेषता के विषय में नबी ﷺ ने यह सूचना दी है कि आप ने उन को उन की उस आकृति (शक्ल) पर देखा है जिस पर उनकी पैदाईश हुई है, उस समय उनके छः सो पर थे जो छितिज (उफुक़) पर छाए हुए थे।

फरिश्ता अल्लाह के आदेश से मानव का आकार भी धारण कर सकता है, जैसाकि जिब्रील ﷺ के साथ पेश आया, जब अल्लाह तआला ने उन्हे मरियम के पास भेजा तो वह उनके सामने समूचित मनुष्य के आकार में उपस्थित हूए, और जब नबी ﷺ अपने सहाबा (साथियों) के बीच बैठे हुए थे तो यही जिब्रील आप के पास एक ऐसे व्यक्ति की शक्ल में आए जिसके कपड़े बहुत सफेद और बाल अत्यन्त काले थे, उन पर यात्रा के चिन्ह भी प्रकट नहीं हो रहे थे और सहाबा में से कोई उन से परिचित भी नहीं था, वह आकर बैठ गये और अपने दोनों घुटनों को आप ﷺ के धुठने से लगा लिए और अपने दोनों हाथ आप की रानों पर रख दिए, और आप से इस्लाम, ईमान, एह्सान और क़ियामत तथा उसके प्रमाणों (चिन्हों) के विषय में प्रश्न किए और आप ने उनके प्रश्नों का उत्तर दिया, फिर वह चले गए। फिर आप ﷺ ने फरमायाः यह जिब्रील थे जो तुम को तुम्हारा धर्म सिखलाने आये थे। (सहीह मुस्लिम)

इसी प्रकार जिन फरिश्तों को अल्लाह तआला ने इब्राहीम और लूत ﷺ के पास भेजा वह भी मानव रूप में थे।

चतुर्थः अल्लाह तआला के आदेश से फरिश्ते जो कार्य करते हैं उन में से जिन कार्यों का हम को ज्ञान है उन पर ईमान लाना, उदाहरण स्वरूप अल्लाह तआला की तस्बीह (पवित्रता) बयान करना और किसी उदासीनता और आलस्य के बिना, रात-दिन उसकी उपासना में लगे रहना।

कुछ फरिश्तों के विशेष कार्य होते हैं:

उदाहरण स्वरूपः **जिब्रील** ﷺ, अल्लाह तआला की वह्य के अमीन (विश्वस्त) हैं, अल्लाह उन्हें वह्य दे कर अपने अम्बिया व रसूलों के पास भेजता है।

- **मीकाईल** ﷺ, वर्षा बरसाने और खेती उगाने पर नियुक्त (आदिष्ट) हैं।
- **इस्राफील** ﷺ, क़ियामत के समय और मख़्लूक़ के पुनर्जीवन के समय सूर फूंकने पर नियुक्त हैं।
- **मलकुल मौत** ﷺ, मृत्यु के समय लोगों के प्राणों के निष्कासन पर नियुक्त हैं।
- **मालिक** ﷺ, नरक के निरीक्षण पर नियुक्त हैं और वही नरक के रक्षक हैं।

इसी प्रकार गर्भाशय (माँ के पेट) में गर्भस्थ पर नियुक्त फरिश्ते हैं, जब माँ के पेट में शिशु चार महीने का हो जाता है तो अल्लाह तआला उसके पास एक फरिश्ता भेजता है और उसकी जीविका, उसके जीवन की अवधि, उसका कर्म और उसके भाग्यशाली अथवा अभागा होने के विषय में लिखने का आदेश देता है।

इनके अतिरिक्त मनुष्यों के कर्मों को लिखने और उसका संरक्षण करने पर नियुक्त फरिश्ते हैं, प्रत्येक व्यक्ति के पास इस कार्य के लिए दो फरिश्ते हैं, एक दाहिने ओर और दूसरा बायें ओर।

तथा मुर्दे से प्रश्न करने के लिए नियुक्त फरिश्ते हैं, मुर्दा जब क़ब्र में रख दिया जाता है तो उसके पास दो फरिश्ते आते हैं जो उस से उसके रब (स्वामी), उसके धर्म और उसके नबी (ईश्दूत) के विषय में प्रश्न करते हैं।

फरिश्तों पर ईमान लाने के फायदे:

फीरश्तों पर ईमान लाने के बहुत व्यापक लाभ हैं, जिन में से कुछ यह हैं:

1. अल्लाह तआला की महानता (अज़्मत), शक्ति और सत्ता का ज्ञान प्राप्त होता है, क्योंकि सृष्टि की महानता से स्रष्टा की महानता प्रतीत होती है।

2. मनुष्यों पर अल्लाह तआला की कृपा और नेमत का आभारी होने का अवसर प्राप्त होता है कि उस ने मनुष्य की सुरक्षा करने और उनके कर्मों का लेख तैयार करने तथा उनके अन्य हितों और भलाईयों के लिए फरिश्ते नियुक्त किए हैं।

❸ फरिश्तों के निरंतर अल्लाह तआला की उपासना में लगे रहने पर उन से प्रेम उत्पन्न होता है।

कुछ पथ भ्रष्ट और भटके हुए लोगों ने फरिश्तों के शारीरिक वजूद को अस्वीकार किया है, वह कहते हैं कि फरिश्तों से तात्पर्य मनुष्यों के भीतर भलाई की गुप्त शक्ति है, किन्तु यह अल्लाह की पुस्तक और रसूलुल्लाह ﷺ की सुन्नत तथा मुसलमानों के इज्माअ (सर्व सहमति) का खण्डन है, अल्लाह तआला ने फरमायाः

﴿ٱلْحَمْدُ لِلَّهِ فَاطِرِ ٱلسَّمَٰوَٰتِ وَٱلْأَرْضِ جَاعِلِ ٱلْمَلَٰٓئِكَةِ رُسُلًا أُو۟لِىٓ أَجْنِحَةٍ مَّثْنَىٰ وَثُلَٰثَ وَرُبَٰعَ﴾

[فاطر: ١]

समस्त प्रशंसायें उस अल्लाह के लिए हैं जो आकाशों और धरती की रचना करने वाला और दो दो, तीन तीन, चार चार परों वाले फरिशतों को अपना संदेष्टा बनाने वाला है। (सूरत फातिरः १)

दूसरे स्थान पर फरमायाः

﴿وَلَوْ تَرَىٰٓ إِذْ يَتَوَفَّى ٱلَّذِينَ كَفَرُوا۟ ۙ ٱلْمَلَٰٓئِكَةُ يَضْرِبُونَ وُجُوهَهُمْ وَأَدْبَٰرَهُمْ﴾ [الأنفال: ٥٠]

काश आप देखते जब फरिश्ते काफिरों के प्राण निकालते हैं, उनके मुख पर और नितम्बों पर मार मारते हैं। (सूरतुल-अन्फालः ५०)

तथा फरमायाः

﴿وَلَوْ تَرَىٰٓ إِذِ ٱلظَّٰلِمُونَ فِى غَمَرَٰتِ ٱلْمَوْتِ وَٱلْمَلَٰٓئِكَةُ بَاسِطُوٓا۟ أَيْدِيهِمْ أَخْرِجُوٓا۟ أَنفُسَكُمُ﴾ [الأنعام: ٩٣]

और यदि आप उस समय देखें जब यह अत्याचारी मौत की कठिनाईयों में होंगे और फरिश्ते हाथ बढ़ा रहे होंगे कि हां अपनी प्राणों को निकालो। (सूरतुल-अन्आमः ९३)

तथा फरमायाः

﴿حَتَّىٰٓ إِذَا فُزِّعَ عَن قُلُوبِهِمْ قَالُوا۟ مَاذَا قَالَ رَبُّكُمْ ۖ قَالُوا۟ ٱلْحَقَّ ۖ وَهُوَ ٱلْعَلِىُّ ٱلْكَبِيرُ﴾ [سبأ: ٢٣]

यहां तक कि जब उन (फरिश्तों) के हृदयों से घबराहट दूर कर दी जाती है तो पूछते हैं कि तुम्हारे रब (पालनहार) ने क्या फ़रमाया? उत्तर देते हैं कि सच फरमाया, और वह सर्वोच्च और महान है। (सूरत सबाः २३)

और स्वर्गवासियों के विषय में फरमाया:

﴿وَالْمَلَٰٓئِكَةُ يَدْخُلُونَ عَلَيْهِم مِّن كُلِّ بَابٍ ۝٢٣ سَلَٰمٌ عَلَيْكُم بِمَا صَبَرْتُمْ ۚ فَنِعْمَ عُقْبَى الدَّارِ﴾ [الرعد: ٢٣]

उनके पास फरिश्ते प्रत्येक द्वार से आयेंगे। कहेंगे तुम पर सलामती (शांति) हो धैर्य के बदले, कितना अच्छा प्रतिफल है इस प्रलय के घर का। (सूरतुर्-रादः २३,२४)

और सहीह बुख़ारी में अबु हुरैरह ﷺ से रिवायत है कि नबी ﷺ ने फरमायाः

«إِذَا أَحَبَّ اللهُ الْعَبْدَ نَادَى جِبْرِيْلَ: إِنَّ اللهَ يُحِبُّ فُلَانًا فَأَحِبَّهُ، فَيُحِبُّهُ جِبْرِيْلُ، فَيُنَادِي جِبْرِيْلُ فِيْ أَهْلِ السَّمَاءِ: إِنَّ اللهَ يُحِبُّ فُلَانًا فَأَحِبُّوْهُ، فَيُحِبُّهُ أَهْلُ السَّمَاءِ، ثُمَّ يُوْضَعُ لَهُ الْقُبُوْلُ فِيْ الأَرْضِ».

जब अल्लाह तआला किसी बन्दे से प्रेम करता है तो जिब्रील को पुकार कर कहता है कि अल्लाह तआला फलाँ बन्दे से प्रेम करता है अतः तुम भी उस से प्रेम करो, चुनांचे जिब्रील उस से प्रेम करने लगते हैं, फिर जिब्रील आकाश वालों में पुकार लगा कर कहते हैं कि अल्लाह फलाँ बन्दे से प्रेम करता है अतः उस से प्रेम करो, चुनांचे आकाश वाले भी उस से प्रेम करने लगते हैं, फिर उसके लिए धरती पर स्वीकृति लिख दी जाती है।

और सहीह बुखारी ही में अबु हुरैरह ﷺ से रिवायत है कि नबी ﷺ ने फरमायाः

«إِذَا كَانَ يَوْمُ الْجُمُعَةِ كَانَ عَلَى كُلِّ بَابٍ مِنْ أَبْوَابِ الْمَسْجِدِ الْمَلَائِكَةُ، يَكْتُبُوْنَ الأَوَّلَ فَالأَوَّلَ، فَإِذَا جَلَسَ الإِمَامُ طَوَوُا الصُّحُفَ وَجَاءُوا يَسْتَمِعُوْنَ الذِّكْرَ». [رواه البخاري]

जब जुमुआ का दिन होता है तो मस्जिद के प्रत्येक द्वार पर फरिश्ते बैठ जाते हैं जो पहले आने वालों के नाम लिखते हैं, फिर जब इमाम मिम्बर पर बैठ जाता है तो वह रजिस्टर बंद कर देते हैं और खुत्बा (भाषण) सुनने में व्यस्त हो जाते हैं।

यह नुसूस (आयतें और हदीसें) इस बात का स्पष्ट प्रमाण हैं कि फरिश्तों का शारीरिक वजूद है वह कोई निराकार शक्ति नहीं हैं जैसाकि कुछ पथ भ्रष्ट लोगों का मानना है, और इन्हीं स्पष्ट नुसूस के आधार पर मुसलमानों का इस मसूअला पर इज्माअ (सर्व सहमति) है।

ईमान के मूल आधार

किताबों पर ईमान लाना

"كُتُب" (कुतुब) बहुवचन है किताब "كتاب" का और मक्तूब "مكتوب" के अर्थ में है, अर्थात लिखा हुआ।

यहां पर पुस्तकों से मुराद वह आसमानी पुस्तकें हैं जिन को अल्लाह तआला ने मनुष्यों पर अनुकम्पा (रहमत) और उनके मार्गदर्शन के लिए अपने रसूलों (संदेशवाहकों) पर नाज़िल किया, ताकि इनके द्वारा वह लोक और परलोक में कल्याण (सौभाग्य) प्राप्त करें।

पुस्तकों पर ईमान लाने में चार चीज़ें सम्मिलित हैं:

प्रथमः इस बात पर ईमान लाना कि वह पुस्तकें वास्तव में अल्लाह की ओर से अवतरित हुई हैं।

द्वितीयः उन में से जिन पुस्तकों के नाम हमें मालूम हैं उन पर उनके नाम के साथ ईमान लाना, उदाहरण स्वरूप कुर्आन करीम जो हमारे नबी मुहम्मद ﷺ पर अवतरित हुआ, तौरात जो मूसा عليه السلام पर अवतरित हुई, इन्जील जो ईसा عليه السلام पर अवतरित हुई और ज़बूर जो दाऊद عليه السلام पर अवतरित हुई, और जिन पुस्तकों के नाम हमें ज्ञात नहीं उन पर सार (इज्माली) रूप से ईमान लाना।

तृतीयः उन पुस्तकों की सहीह (सत्य व शुद्ध) सूचनाओं की पुष्टि करना, जैसेकि कुर्आन की (सारी) सूचनायें तथा पिछली पुस्तकों की परिवर्तन और हेर फेर से सुरक्षित सूचनायें।

चौथाः उन पुस्तकों में से जो आदेश निरस्त (मंसूख) नहीं किए गये हैं उन पर अमल करना और उन्हें प्रसन्नता पूर्वक स्वीकार कर लेना, चाहे उनकी हिक्मत (विज्ञ, बुद्धि) हमारी समझ में आये या न आये, पिछली समस्त आसमानी पुस्तकें कुर्आन करीम के द्वारा निरस्त हो चुकी हैं, अल्लाह तआला का फरमान है:

﴿ وَأَنزَلْنَآ إِلَيْكَ ٱلْكِتَـٰبَ بِٱلْحَقِّ مُصَدِّقًا لِّمَا بَيْنَ يَدَيْهِ مِنَ ٱلْكِتَـٰبِ وَمُهَيْمِنًا عَلَيْهِ ﴾

[المائدة: ٤٨]

और हम ने आप की ओर सच्चाई के साथ यह पुस्तक अवतरित की है जो अपने से पूर्व (अगली) पुस्तकों की पुष्टि (प्रमाणित) करने वाली है और उन पर संरक्षक और शासक है। (सूरतुल-माइदा: ४८)

❁ अतः पिछली आसमानी पुस्तकों में जो आदेश हैं उन में से केवल उसी पर अमल करना वैध (जाइज़) है जो शुद्ध (प्रमाण्ति) हो और कुर्आन करीम ने उसको स्वीकार किया हो (पुष्टि की हो)।

पुस्तकों पर ईमान लाने के फायदे:

आसमानी पुस्तकों पर ईमान लाने के बहुत बड़े लाभ हैं, जिन में से कुछ यह हैं:

१ बन्दों पर अल्लाह तआला की कृपा और अनुकम्पा का ज्ञान होता है कि उस ने प्रत्येक उम्मत के लिए पुस्तक अवतरित की ताकि उसके द्वारा उन्हें मार्ग दर्शन प्रदान करे।

२ धर्म शास्त्र की रचना में अल्लाह तआला की हिक्मत का ज्ञान प्राप्त होता है कि उस ने प्रत्येक उम्मत के लिए उनकी दशा और स्थिति के अनुसार धर्म शास्त्र निर्धारित किया है, जैसाकि उसका फरमान है:

﴿ لِكُلٍّ جَعَلْنَا مِنكُمْ شِرْعَةً وَمِنْهَاجًا ﴾ [المائدة: ٤٨]

तुम में से प्रत्येक के लिए हम ने एक धर्म-शास्त्र और मार्ग निर्धारित कर दिया है। (सूरतुल-माइदा: ४८)

३ इस विषय में अल्लाह तआला की अनुकम्पा का आभारी (शुक्रगुज़ार) होना।

रसूलों पर ईमान लाना

(रुसुल) बहुवचन है (रसूल) का और (मुर्सल) के अर्थ में है, अर्थात वह व्यक्ति जिसे किसी चीज़ के प्रसार के लिए भेजा गया हो।

इस स्थान पर रसूल से मुराद वह मनुष्य है जिस पर शरीअत की वह्य की गयी हो और उसे उसके प्रसार का आदेश दिया गया हो।

सब से पहले रसूल नूह ﵇ और सब से अन्तिम रसूल मुहम्मद ﷺ हैं, अल्लाह तआला ने फरमायाः

﴿إِنَّآ أَوْحَيْنَآ إِلَيْكَ كَمَآ أَوْحَيْنَآ إِلَىٰ نُوحٍ وَٱلنَّبِيِّـۧنَ مِنۢ بَعْدِهِۦ﴾ [النساء: ١٦٣]

निःसन्देह हम ने आप की ओर उसी प्रकार वह्य की है जैसे कि नूह और उनके पश्चात वाले नबियों के ओर वह्य की। (सूरतुन-निसाः १६३)

सहीह बुखारी में अनस् बिन मालिक ﵁ से वर्णित शफाअत की हदीस में है कि नबी करीम ﷺ ने फरमायाः

«أَنَّ النَّاسَ يَأْتُوْنَ إِلَى آدَمَ لِيَشْفَعَ لَهُمْ فَيَعْتَذِرُ إِلَيْهِمْ وَيَقُوْلُ: اِئْتُوْا نُوحاً أَوَّلَ رَسُوْلٍ بَعَثَهُ اللهُ».

लोग (प्रलय के दिन) आदम के पास आयेंगे ताकि वह उनकी शफाअत (सिफारिश) करें, तो वह विवशता प्रकट कर देंगे और कहेंगे कि नूह के पास जाओ जो अल्लाह के सर्व प्रथम रसूल हैं।

और अल्लाह तआला ने हमारे नबी मुहम्मद ﷺ के विषय में फरमायाः

﴿مَّا كَانَ مُحَمَّدٌ أَبَآ أَحَدٍ مِّن رِّجَالِكُمْ وَلَـٰكِن رَّسُولَ ٱللَّهِ وَخَاتَمَ ٱلنَّبِيِّـۧنَ﴾ [الأحزاب: ٤٠]

मुहम्मद (ﷺ) तुम्हारे पुरूषो में से किसी के पिता नहीं, बल्कि अल्लाह के रसूल और अन्तिम नबी हैं। (सूरतुल अहज़ाबः ४०)

कोई भी समुदाय (उम्मत) रसूल से खाली नहीं रहा, अल्लाह तआला ने उसकी ओर या तो स्थायी शरीअत दे कर कोई रसूल भेजा, या पूर्व शरीअत के साथ किसी नबी को भेजा ताकि वह उसका नवीनीकरण (तजूदीद) करे, जैसा कि अल्लाह तआला ने फरमायाः

﴿ وَلَقَدْ بَعَثْنَا فِي كُلِّ أُمَّةٍ رَّسُولًا أَنِ اعْبُدُوا اللَّهَ وَاجْتَنِبُوا الطَّاغُوتَ ﴾ [النحل: ٣٦]

हम ने प्रत्येक समुदाय में रसूल भेजा कि लोगो! केवल अल्लाह की उपासना करो और उसके अतिरिक्त समस्त पूजा पात्रों से बचो। (सूरतुन-नहलः ३६)

दूसरे स्थान पर फरमायाः

﴿ وَإِن مِّنْ أُمَّةٍ إِلَّا خَلَا فِيهَا نَذِيرٌ ﴾ [فاطر: ٢٤]

तथा कोई समुदाय ऐसा नहीं हुआ जिस में कोई डराने वाला न गुज़रा हो। (सूरतु फ़ातिरः २४)

तथा फरमायाः

﴿ إِنَّا أَنزَلْنَا التَّوْرَاةَ فِيهَا هُدًى وَنُورٌ يَحْكُمُ بِهَا النَّبِيُّونَ الَّذِينَ أَسْلَمُوا لِلَّذِينَ هَادُوا ﴾ [المائدة: ٤٤]

हम ने तौरात नाज़िल किया है जिस में मार्ग दर्शन और प्रकाश है, यहूदियो में इसी तौरात के द्वारा अल्लाह के मानने वाले अंबिया (अल्लाह वाले और ज्ञानी) निर्णय करते थे। (सूरतुल माइदाः ४४)

रसूल (संदेशवाहक) मानव और मख्लूक़ होते हैं, रुबूबियत और उलूहियत की विशेषताओं में से उन्हें किसी भी चीज़ का अधिकार नहीं होता, अल्लाह तआला ने अपने नबी मुहम्मद ﷺ के विषय में, जो समस्त रसूलों के नायक और अल्लाह के निकट सब से महान पद वाले हैं, फरमायाः

﴿ قُل لَّا أَمْلِكُ لِنَفْسِي نَفْعًا وَلَا ضَرًّا إِلَّا مَا شَاءَ اللَّهُ ۚ وَلَوْ كُنتُ أَعْلَمُ الْغَيْبَ لَاسْتَكْثَرْتُ مِنَ الْخَيْرِ وَمَا مَسَّنِيَ السُّوءُ ۚ إِنْ أَنَا إِلَّا نَذِيرٌ وَبَشِيرٌ لِّقَوْمٍ يُؤْمِنُونَ ﴾ [الأعراف: ١٨٨]

आप कह दीजिए कि मैं स्वयं अपने नफ्स (आप) के लिए किसी लाभ का अधिकार नहीं रखता और न किसी हानि का, किन्तु उतना ही जितना अल्लाह ने चाहा हो, और यदि मैं परोक्ष की बातें जानता होता तो बहुत से लाभ प्राप्त कर लेता और

मुझ को कोई हानि न पहुंचती, मैं तो केवल डराने वाला और शुभ सूचना देने वाला हूँ उन लोगों को जो ईमान रखते हैं। (सूरतुल-आराफ़: १८८)

दूसरे स्थान पर फरमायाः

﴿قُلْ إِنِّي لَآ أَمْلِكُ لَكُمْ ضَرًّا وَلَا رَشَدًا ﴿٢١﴾ قُلْ إِنِّي لَن يُجِيرَنِي مِنَ ٱللَّهِ أَحَدٌ وَلَنْ أَجِدَ مِن دُونِهِۦ مُلْتَحَدًا﴾

[الجن: ٢١-٢٢]

आप कह दीजिए कि मैं तुम लोगों के लिए किसी हानि और लाभ का अधिकार नहीं रखता। आप कह दीजिए कि मुझे कोई कदापि अल्लाह की पकड़ से नहीं बचा सकता और मैं कदापि उसके अतिरिक्त कोई शरण नहीं पा सकता। (सूरतुल-जिन्नः २१,२२)

रसूलों को मानवी विशेषताओं का अनुभव करना पड़ता है जैसे बीमारी, मृत्यु और खान-पान की आवश्यकता आदि, अल्लाह तआला ने इब्राहीम ﷺ के विषय में फरमाया कि उन्हों ने अपने रब के गुणों का वर्णन करते हुए कहाः

﴿وَٱلَّذِى هُوَ يُطْعِمُنِى وَيَسْقِينِ ﴿٧٩﴾ وَإِذَا مَرِضْتُ فَهُوَ يَشْفِينِ ﴿٨٠﴾ وَٱلَّذِى يُمِيتُنِى ثُمَّ يُحْيِينِ﴾ [الشعراء: ٧٩-٨١]

वही है जो मुझे खिलाता और पिलाता है। और जब मैं बीमार पड़ जाऊँ तो मुझे शिफा देता है, और वही मुझे मृत्यु देगा फिर जीवित करेगा। (सूरतुश्-शुअ़राः ७६-८१)

और नबी करीम ﷺ ने फरमायाः

«إِنَّمَا أَنَا بَشَرٌ مِثْلُكُمْ، أَنْسَى كَمَا تَنْسَوْنَ، فَإِذَا نَسِيتُ فَذَكِّرُونِي». رواه البخاري.

मैं तुम्हारे समान एक मनुष्य हूँ, जैसे तुम भूलते हो मैं भी भूल जाता हूँ, सो जब मैं भूल जाऊँ तो मुझे याद करा दिया करो।

अल्लाह तआला ने रसूलों को उनके महान पदों और उनकी प्रशंसा के संदर्भ में उबूदियत और उपासना के उपाधि से उल्लेख किया है, चुनांचे नूह ﷺ के विषय में फरमायाः

﴿إِنَّهُۥ كَانَ عَبْدًا شَكُورًا﴾ [الإسراء: ٣]

वह (नूह) बड़ा ही कृतज्ञ बन्दा था। (सूरतुल इस्राः ३)

और हमारे नबी मुहम्मद ﷺ के विषय में फरमायाः

﴿تَبَارَكَ ٱلَّذِى نَزَّلَ ٱلْفُرْقَانَ عَلَىٰ عَبْدِهِۦ لِيَكُونَ لِلْعَٰلَمِينَ نَذِيرًا﴾ [الفرقان: ١]

अत्यन्त शुभ है वह अल्लाह जिस ने अपने बंदे पर फ़ुर्क़ान (क़ुर्आन) अवतरित किया ताकि वह सारे संसार के लिए सतर्क करने वाला बन जाए। (सूरतुल फ़ुरक़ानः१)

और इब्राहीम, इस्हाक़, और याक़ूब عليهم السلام के विषय में फरमायाः

﴿وَٱذْكُرْ عِبَٰدَنَآ إِبْرَٰهِيمَ وَإِسْحَٰقَ وَيَعْقُوبَ أُو۟لِى ٱلْأَيْدِى وَٱلْأَبْصَٰرِ ﴿٤٥﴾ إِنَّآ أَخْلَصْنَٰهُم بِخَالِصَةٍ ذِكْرَى ٱلدَّارِ ﴿٤٦﴾ وَإِنَّهُمْ عِندَنَا لَمِنَ ٱلْمُصْطَفَيْنَ ٱلْأَخْيَارِ﴾ [ص: ٤٥-٤٧]

तथा हमारे बंदों इब्राहीम, इस्हाक़ एवं याक़ूब का भी वर्णन करो जो हाथों और आँखों वाले थे। हम ने उन्हें एक विशेष बात अर्थात आख़िरत की याद के लिए चुन लिया था। तथा यह लोग हमारे निकट चुने हूए सर्वश्रेष्ठ लोगों में से थे। (सूरतु सॉदः ४५-४७)

और ईसा बिन मरियम عليه السلام के बारे में फरमायाः

﴿إِنْ هُوَ إِلَّا عَبْدٌ أَنْعَمْنَا عَلَيْهِ وَجَعَلْنَٰهُ مَثَلًا لِّبَنِىٓ إِسْرَٰٓءِيلَ﴾ [الزخرف: ٥٩]

वह भी एक बन्दा ही है जिस पर हम ने उपकार किया तथा उसे इस्राईल की संतान के लिए अपने सामर्थ्य की निशानी बनाया। (सूरतुज़-ज़ुख़रूफ़ः ५९)

रसूलों पर ईमान लाने में चार चीज़ें सम्मिलित हैं:

प्रथमः इस बात पर ईमान लाना कि उनकी रिसालत (ईश-दूतत्व) अल्लाह की ओर से सत्य है, अतः जिस ने उन में से किसी एक की रिसालत (पैग़म्बरी) को अस्वीकार किया उस ने समस्त रसूलों के साथ कुफ़्र किया, जैसा कि अल्लाह तआला का फरमान हैः

﴿كَذَّبَتْ قَوْمُ نُوحٍ ٱلْمُرْسَلِينَ﴾ [الشعراء: ١٠٥]

नूह के सम्प्रदाय ने भी रसूलों को झुठलाया। (सूरतुश्-शोअराः १०५)

इस आयत में अल्लाह तआला ने नूह ﷺ के सम्प्रदाय को समस्त रसूलों को झुठलाने वाला ठहराया है, हालांकि उनके झुठलाने के समय नूह ﷺ के अतिरिक्त कोई अन्य रसूल था ही नहीं, इस प्रकार ईसाई जिन्हों ने मुहम्मद ﷺ को झुठलाया और आपका अनुसरण नहीं किया वह भी ईसा बिन मरियम के अनुयायी नहीं, बल्कि उनको झुठलाने वाले हैं, विशेषकर ईसा ﷺ ने उनको मुहम्मद ﷺ के आगमन की शुभ सूचना दी थी, और इस शुभ सूचना का अर्थ यही था कि मुहम्मद ﷺ उनके पास रसूल बन कर आयेंगे जिन के द्वारा अल्लाह तआला उन्हें पथ-भ्रष्टता और गुम्राही से छुटकारा दिला कर सीधे मार्ग पर स्थापित कर देगा।

द्वितीयः जिन रसूलों का नाम हमें ज्ञात है उन पर उनके नामों के साथ ईमान लाना, जैसे मुहम्मद, इब्राहीम, मूसा, ईसा और नूह ﷺ यह पांच ऊलुल अज़्म (सुदृढ़ निश्चय और संकल्प वाले) पैग़म्बर हैं, अल्लाह तआला ने कुर्आन करीम में दो स्थानों पर उनका वर्णन किया है, एक सूरत अह्ज़ाब की इस आयत में:

﴿وَإِذْ أَخَذْنَا مِنَ النَّبِيِّينَ مِيثَاقَهُمْ وَمِنكَ وَمِن نُّوحٍ وَإِبْرَاهِيمَ وَمُوسَىٰ وَعِيسَى ابْنِ مَرْيَمَ﴾ [الأحزاب: ٧]

और जब हम ने समस्त नबियों से वचन लिया और विशेष रूप से आप से तथा नूह से तथा इब्राहीम से तथा मूसा से तथा मरियम के पुत्र ईसा से। (सूरतुल-अह्ज़ाबः ७)

और दूसरा सूरतुश्-शूरा की इस आयत में:

﴿شَرَعَ لَكُم مِّنَ الدِّينِ مَا وَصَّىٰ بِهِ نُوحًا وَالَّذِي أَوْحَيْنَا إِلَيْكَ وَمَا وَصَّيْنَا بِهِ إِبْرَاهِيمَ وَمُوسَىٰ وَعِيسَىٰ أَنْ أَقِيمُوا الدِّينَ وَلَا تَتَفَرَّقُوا فِيهِ﴾ [الشورى: ١٣]

अल्लाह तआला ने तुम्हारे लिए वही धर्म निर्धारित कर दिया है जिसको स्थापित करने का उसने नूह को आदेश दिया था और जिसकी वह्य हम ने आपकी ओर की है और जिसका विशेष आदेश हम ने इब्राहीम तथा मूसा एवं ईसा ﷺ को दिया था कि इस धर्म को स्थापित रखना और इस में फूट न डालना। (सूरतुश्-शूराः १३)

और जिन रसूलों का नाम हमें मालूम नहीं है उन पर हम सार (इज्माली) रूप से ईमान रखेंगे, अल्लाह तआला ने फरमायाः

﴿وَلَقَدْ أَرْسَلْنَا رُسُلًا مِّن قَبْلِكَ مِنْهُم مَّن قَصَصْنَا عَلَيْكَ وَمِنْهُم مَّن لَّمْ نَقْصُصْ عَلَيْكَ﴾

[غافر: ٧٨]

निःसन्देह हम आप से पूर्व भी बहुत से रसूल भेज चुके हैं, जिन में से कुछ की घटनाओं का वर्णन हम आप से कर चुके हैं तथा उन में से कुछ की कथाओं का वर्णन तो हम ने आप से किया ही नहीं। (सूरत ग़ाफ़िरः ७८)

तृतीयः रसूलों की जो सूचनायें सहीह (शुद्ध) रूप से सिद्ध हैं उनकी पुष्टि करना।

चौथाः जो रसूल हमारी ओर भेजे गए हैं उनकी शरीअत पर अमल करना, और वह समस्त नबियों के समाप्तिकर्ता मुहम्मद ﷺ हैं जो समस्त मानव (तथा दानव) की ओर संदेशवाहक बनाकर भेजे गए हैं, अल्लाह तआला ने फरमायाः

﴿ فَلَا وَرَبِّكَ لَا يُؤْمِنُونَ حَتَّىٰ يُحَكِّمُوكَ فِيمَا شَجَرَ بَيْنَهُمْ ثُمَّ لَا يَجِدُوا فِي أَنفُسِهِمْ حَرَجًا مِّمَّا قَضَيْتَ وَيُسَلِّمُوا تَسْلِيمًا ﴾ [النساء: ٦٥]

(हे मुहम्मद ﷺ) सौगन्ध है आपके रब (पालनहार) की ! यह मोमिन नहीं हो सकते जब तक कि आपस के समस्त विवाद (मतभेद) में आपको न्याय कर्ता न मान लें, फिर जो न्याय आप उन में कर दें उस से अपने हृदय में किसी प्रकार की तंगी और अप्रसन्नता न अनुभव करें बल्कि सम्पूर्ण रूप से उसको स्वीकार कर लें। (सूरतुन-निसाः ६५)

❖ रसूलों पर ईमान लाने के फायदेः

रसूलों पर ईमान लाने के बड़े लाभ हैं, जिन में से कुछ यह हैंः

❶ बन्दों पर अल्लाह तआला की कृपा और अनुकम्पा का ज्ञान प्राप्त होता है कि उस ने उनकी ओर रसूल भेजे ताकि वह उनके लिए अल्लाह तआला के मार्ग को दर्शायें और अल्लाह तआला की इबादत (उपासना और आराधना) की विधि बतलायें, क्योंकि मानव बुद्धि स्वयं उसका ज्ञान प्राप्त नहीं कर सकती।

❷ इस महान उपकार पर अल्लाह तआला का आभारी (शुक्रगुज़ार) होना।

❸ अम्बिया और रसूलों ﷺ से प्रेम और उनका आदर और सम्मान करने तथा उनकी प्रतिष्ठा योग्य उनकी प्रशंसा और सराहना करने का उत्साह उत्पन्न होता है, क्योंकि वह अल्लाह के रसूल हैं, और इस लिए भी कि उन्हों ने अल्लाह

की इबादत व उपासना, उसकी रिसालत के प्रसार और बन्दों की शुभ चिन्ता का कर्तव्य पूरा कर दिया।

विरोधियों और हठी लोगों ने अपने रसूलों को इस विचार धारा के साथ झुठलाया है कि अल्लाह के संदेशवाहक मनुष्य नहीं हो सकते, हालांकि अल्लाह तआला ने इस गुमान का उल्लेख करके इस प्रकार खण्डन किया है:

﴿وَمَا مَنَعَ ٱلنَّاسَ أَن يُؤۡمِنُوٓاْ إِذۡ جَآءَهُمُ ٱلۡهُدَىٰٓ إِلَّآ أَن قَالُوٓاْ أَبَعَثَ ٱللَّهُ بَشَرٗا رَّسُولٗا ٩٤ قُل لَّوۡ
كَانَ فِي ٱلۡأَرۡضِ مَلَٰٓئِكَةٞ يَمۡشُونَ مُطۡمَئِنِّينَ لَنَزَّلۡنَا عَلَيۡهِم مِّنَ ٱلسَّمَآءِ مَلَكٗا
رَّسُولٗا﴾ [الإسراء: ٩٤- ٩٥]

लोगों के पास मार्गदर्शन पहुंचने के पश्चात ईमान से रोकने वाली केवल यही चीज़ रही कि उन्हों ने कहा क्या अल्लाह ने एक मनुष्य को ही रसूल बनाकर भेजा? आप कह दें कि यदि धरती में फरिश्ते चलते फिरते और रहते बसते होते तो हम भी उनके पास किसी आसमानी फरिश्ते ही को रसूल बनाकर भेजते। (सूरतुल इस्राः ९४,९५)

इस आयत में अल्लाह तआला ने विरोधियों के इस विचार का यह कह कर खण्डन किया है कि रसूल का मनुष्य होना ज़रूरी है, क्योंकि रसूल धरती वालों की ओर भेजा जाता है, और वह मनुष्य हैं, और यदि धरती वाले फरिश्ते होते तो अल्लाह तआला उनकी ओर फरिश्ता रसूल बनाकर भेजता, ताकि वह उनके समान हो।

इसी प्रकार अल्लाह तआला ने रसूलों को झुठलाने वालों का उल्लेख किया है कि उन्हों ने अपने रसूलों से कहाः

﴿قَالُوٓاْ إِنۡ أَنتُمۡ إِلَّا بَشَرٞ مِّثۡلُنَا تُرِيدُونَ أَن تَصُدُّونَا عَمَّا كَانَ يَعۡبُدُ ءَابَآؤُنَا فَأۡتُونَا بِسُلۡطَٰنٖ
مُّبِينٖ ١٠ قَالَتۡ لَهُمۡ رُسُلُهُمۡ إِن نَّحۡنُ إِلَّا بَشَرٞ مِّثۡلُكُمۡ وَلَٰكِنَّ ٱللَّهَ يَمُنُّ عَلَىٰ مَن يَشَآءُ مِنۡ
عِبَادِهِۦۖ وَمَا كَانَ لَنَآ أَن نَّأۡتِيَكُم بِسُلۡطَٰنٍ إِلَّا بِإِذۡنِ ٱللَّهِۚ﴾ [إبراهيم: ١٠-١١]

तुम तो हम जैसे ही मनुष्य हो, तुम तो चाहते हो कि हमें उन उपास्यों की

उपासना से रोक दो जिनकी उपासना हमारे बाप दादा करते थे, अच्छा तो हमारे पास कोई स्पष्ट प्रमाण प्रस्तुत करो। उनके पैग़मबरों ने उनसे कहा कि यह तो सत्य है कि हम तुम जैसे ही मनुष्य हैं, किन्तु अल्लाह अपने बन्दों में से जिस पर चाहता है अपनी कृपा (उपकार) करता है, और अल्लाह के आदेश के बिना हमारे बस में नहीं कि हम तुम्हें कोई चमत्कार दिखायें। (सूरत इब्राहीमः १०,११)

आख़िरत के दिन पर ईमान लाना

आख़िरत के दिन से अभिप्रायः क़ियामत (महाप्रलय) का दिन है जिस में सारे लोग हिसाब और बदले (प्रत्युपकार) के लिए उठाये जायेंगे।

उस दिन को आख़िरत के दिन अर्थात अन्तिम दिन से इस लिए नामित किया गया है कि उस के पश्चात कोई अन्य दिन नहीं होगा, क्योंकि स्वर्गवासी स्वर्ग में अपना स्थान ग्रहण कर लेंगे और नरकवासी नरक में अपने ठिकाने लग जायेंगे।

आख़िरत के दिन पर ईमान लाने में चार चीज़ें सम्मिलित हैंः

प्रथमः बअ्स (दुबारा उठाए जाने) पर ईमान लानाः बअ्स से मुराद दूसरा सूर फूंकते ही सारे मृतकों का जीवित हो जाना है, चुनांचे सारे लोग अल्लाह रब्बुल आलमीन के सामने प्रस्तुत होने के लिए नंगे पैर, नंगे शरीर और बिना ख़त्ना के उठ खड़े होंगे, अल्लाह तआला का फ़रमान हैः

﴿كَمَا بَدَأْنَآ أَوَّلَ خَلْقٍ نُّعِيدُهُۥ ۚ وَعْدًا عَلَيْنَآ ۚ إِنَّا كُنَّا فَٰعِلِينَ﴾ [الأنبياء: ١٠٤]

जैसे हम ने पहली बार उत्पत्ति (पैदा) की थी उसी प्रकार पुनः करेंगे, यह हमारे ज़िम्मा वायदा है और हम इसे अवश्य कर के ही रहेंगे। (सूरतुल अम्बिया:१०४)

'बअ्स' (मरने के पश्चात पुनर्जीवित किया जाना) सत्य और प्रमाणित है, इसका प्रमाण किताब व सुन्नत और समस्त मुसलमानों का इज्माअ (सर्वसहमति) है।

अल्लाह तआला ने फ़रमायाः

﴿ثُمَّ إِنَّكُم بَعْدَ ذَٰلِكَ لَمَيِّتُونَ ﴿١٥﴾ ثُمَّ إِنَّكُمْ يَوْمَ الْقِيَٰمَةِ تُبْعَثُونَ﴾ [المؤمنون: ١٥-١٦]

फिर इसके पश्चात तुम सब अवश्य मर जाने वाले हो। फिर क़ियामत के दिन निःसन्देह तुम सब उठाए जाओगे। (सूरतुल-मूमिनून:१५,१६)

तथा नबी ﷺ ने फ़रमायाः

«يُحْشَرُ النَّاسُ يَوْمَ الْقِيَامَةِ حُفَاةً عُرَاةً غُرْلاً». [متفق عليه]

क़ियामत के दिन लोग नंगे पावं, नंगे शरीर और बिना खत्ना के उठाए जायेंगे।
(बुख़ारी व मुस्लिम)

इसी प्रकार बअ़्स (क़ियामत) के सत्य और सिद्ध होने पर मुसलमानों का इज्‌माअ (सर्वसहमति) है, और यही अल्लाह तआला की हिक्मत का तक़ाज़ा है; क्योंकि अल्लाह तआला की हिक्मत का यह तक़ाज़ा है कि वह इस मख़्लूक़ के लिए कोई समय निर्धारित कर दे जिस में वह उन्हें उन सारे कर्मों का प्रत्युपकार (बदला) दे जिनका उस ने अपने संदेश्वाहकों के द्वारा उन्हें बाध्य (मुकल्लफ) किया था, जैसा कि अल्लाह तआला का फरमान है:

﴿أَفَحَسِبْتُمْ أَنَّمَا خَلَقْنَاكُمْ عَبَثًا وَأَنَّكُمْ إِلَيْنَا لَا تُرْجَعُونَ﴾ [المؤمنون: ١١٥]

क्या तुम ने यह समझ रखा है कि हम ने तुम्हें यों ही व्यर्थ पैदा किया है और यह कि तुम हमारी ओर लौटाए ही नहीं जाओगे। (सूरतुल-मूमिनूनः ११५)

और अपने नबी ﷺ को सम्बोधित करते हुए फ़रमायाः

﴿إِنَّ الَّذِي فَرَضَ عَلَيْكَ الْقُرْآنَ لَرَادُّكَ إِلَىٰ مَعَادٍ﴾ [القصص: ٨٥]

निः सन्देह जिस (अल्लाह) ने आप पर क़ुर्‌आन अवतरित किया है वह प्रलय के दिन आप को अपनी ओर लौटाएगा। (सूरतुल-क़सस़ः ८५)

❁ **द्वितीयः हिसाब और बदले (प्रत्युपकार) पर ईमान लानाः** क़ियामत के दिन बन्दे से उस के कर्म (अमल) का हिसाब लिया जाएगा और फिर उसे उस का बदला दिया जाएगा, किताब व सुन्नत और मुसल्‌मानों का इज्‌माअ (सर्वसहमति) इसका प्रमाण है।

अल्लाह तआला ने फरमायाः

﴿إِنَّ إِلَيْنَا إِيَابَهُمْ ۝٢٥ ثُمَّ إِنَّ عَلَيْنَا حِسَابَهُمْ﴾ [الغاشية: ٢٥-٢٦]

निः सन्देह हमारी ओर ही उनको लौट कर आना है। फिर निःसन्देह हमारे ही ज़िम्मे उनका हिसाब लेना है। (सूरतुल-ग़ाशियाः २५,२६)

और फ़रमायाः

﴿مَن جَآءَ بِٱلْحَسَنَةِ فَلَهُۥ عَشْرُ أَمْثَالِهَا ۖ وَمَن جَآءَ بِٱلسَّيِّئَةِ فَلَا يُجْزَىٰٓ إِلَّا مِثْلَهَا وَهُمْ لَا يُظْلَمُونَ﴾

[الأنعام: ١٦٠]

जो व्यक्ति सत्कर्म करेगा उस को उसके दस गुना पुण्य मिलेगा और जो व्यक्ति कुकर्म करेगा उस को उसके बराबर ही दण्ड मिलेगा और उन पर अत्याचार नहीं होगा। (सूरतुल-अनआमः १६०)

तथा अल्लाह तआला ने फ़रमायाः

﴿وَنَضَعُ ٱلْمَوَٰزِينَ ٱلْقِسْطَ لِيَوْمِ ٱلْقِيَٰمَةِ فَلَا تُظْلَمُ نَفْسٌ شَيْـًٔا ۖ وَإِن كَانَ مِثْقَالَ حَبَّةٍ مِّنْ خَرْدَلٍ أَتَيْنَا بِهَا ۗ وَكَفَىٰ بِنَا حَٰسِبِينَ﴾ [الأنبياء: ٤٧]

क़ियामत के दिन हम शुद्ध और उचित तौलने वाली तराज़ू को लाकर रखेंगे, फिर किसी प्राणी पर तनिक सा भी अत्याचार नही किया जाएगा, और यदि एक राई के दाना के बराबर भी कुछ कर्म होगा हम उसे सामने कर देंगे, और हम काफ़ी हैं हिसाब करने वाले। (सूरतुल-अंबियाः ४७)

और इब्ने उमर रज़ियल्लाहु अन्हुमा से रिवायत है कि नबी ﷺ ने फ़रमायाः

«إِنَّ اللهَ يُدْنِي الْمُؤْمِنَ فَيَضَعُ عَلَيْهِ كَنَفَهُ- أَيْ: سِتْرَهُ -وَيَسْتُرُهُ فَيَقُوْلُ: أَتَعْرِفُ ذَنْبَ كَذَا؟ أَتَعْرِفُ ذَنْبَ كَذَا؟ فَيَقُوْلُ: نَعَمْ أَيْ رَبِّ، حَتَّى إِذَا قَرَّرَهُ بِذُنُوْبِه، وَرَأَى أَنَّهُ قَدْ هَلَكَ، قَالَ: قَدْ سَتَرْتُهَا عَلَيْكَ فِيْ الدُّنْيَا وَأَنَا أَغْفِرُهَا لَكَ الْيَوْمَ، فَيُعْطَى كِتَابَ حَسَنَاتِه، وَأَمَّا الْكُفَّارُ وَالْمُنَافِقُوْنَ، فَيُنَادَى بِهِمْ عَلَى رُؤُوْسِ الْخَلَائِقِ: هَؤُلَاءِ الَّذِيْنَ كَذَبُوْا عَلَى رَبِّهِمْ، أَلَا لَعْنَةُ اللهِ عَلَى الظَّالِمِيْنَ». [متفق عليه]

अल्लाह तआला क़ियामत के दिन मोमिन को अपने निकट करके उस पर पर्दा डाल देगा और उसे अपने आड़ में करके फरमाएगाः क्या तुम यह पाप जानते हो? क्या तुम यह पाप जानते हो? वह व्यक्ति कहेगाः हाँ ऐ मेरे पालनहार, यहाँ तक कि जब बन्दे से उसके पापों का इक़रार करवा लेगा और बन्दा यह समझ लेगा कि अब वह हलाकत (दुर्दशा) में पड़ने ही वाला है, तो अल्लाह तआला फरमाएगा कि मैं ने संसार में तुम्हारे इन पापों पर पर्दा डाल रखा था और आज

तुम्हारे लिए इन को क्षमा करता हूँ, फिर उसकी नेकियों की किताब (कर्म-पत्र) उसे दे दिया जाएगा, किन्तु कुफ़्फ़ार और मुनाफ़िक़ों को सारे लोगों के सामने पुकार कर कहा जाएगा कि यही वह लोग हैं जिन्हों ने अपने रब पर झूठ कहा था, सो अल्लाह की धिक्कार और फट्कार हो अत्याचारियों पर। (बुख़ारी व मुस्लिम)

तथा नबी ﷺ से यह हदीस सहीह सनद से प्रमाणित है:

«أَنَّ مَنْ هَمَّ بِحَسَنَةٍ فَعَمِلَهَا، كَتَبَهَا اللهُ عِنْدَهُ عَشَرَ حَسَنَاتٍ إِلَى سَبْعِمِائَةِ ضِعْفٍ إِلَى أَضْعَافٍ كَثِيْرَةٍ، وَأَنَّ مَنْ هَمَّ بِسَيِّئَةٍ فَعَمِلَهَا، كَتَبَهَا اللهُ سَيِّئَةً وَاحِدَةً».

जिस ने किसी नेकी का इरादा किया और उसे कर लिया तो अल्लाह तआला अपने पास उसकी दस नेकियों से लेकर सात सो गुना तक बल्कि उस से भी कई गुना अधिक लिखता है, और जिस ने किसी पाप का इरादा किया और उसे कर गुज़रा तो अल्लाह तआला उस का केवल एक पाप लिखता है।

सारे मुसलमान कर्मों (अमल) के हिसाब और उसके बदले के प्रमाणित और सत्य होने पर एक मत हैं, और यही अल्लाह तआला की हिक्मत का तक़ाज़ा भी है, क्योंकि अल्लाह तआला ने पुस्तकें अवतरित कीं, रसूल भेजे, बन्दों पर रसूलों की लाई हुई बातों को स्वीकार करना और उन में से जिन बातों पर अमल करना अनिवार्य है उन पर अमल करना आवश्यक क़रार दिया, और उसका विरोध करने वालों से लड़ाई करना अनिवार्य कर दिया और उनकी हत्या, उनकी संतान, उनकी स्त्रियों और उन के धन को वैध घोषित कर दिया, अतः यदि हिसाब और बदला न हो तो यह सब कुछ बेकार और निरर्थक सिद्ध होगा जिस से अल्लाह हिक्मत वाला रब पवित्र है।

अल्लाह तआला ने इस हक़ीक़त की ओर अपने इस कथन में संकेत किया है:

﴿ فَلَنَسْـَٔلَنَّ ٱلَّذِينَ أُرْسِلَ إِلَيْهِمْ وَلَنَسْـَٔلَنَّ ٱلْمُرْسَلِينَ ۝٦ فَلَنَقُصَّنَّ عَلَيْهِم بِعِلْمٍ ۖ وَمَا كُنَّا غَآئِبِينَ ﴾ [الأعراف: ٦-٧]

फिर हम उन लोगों से अवश्य पूछताछ करेंगे जिन के पास पैग़म्बर भेजे गए थे और हम पैगम्बरों से भी अवश्य पूछेंगे। फिर चूंकि हम पूरी सूचना रखते हैं उनके समक्ष बयान कर देंगे, और हम कुछ निश्चेत नहीं थे। (सूरतुल-आराफ़: ६,७)

❁ तृतीयः स्वर्ग और नरक पर तथा उनके मख़्लूक़ का सदैव के लिए ठिकाना होने पर ईमान लानाः

जन्नत (स्वर्ग) नेमतों (उपहारों और पुरस्कारों) का घर है जिसे अल्लाह तआला ने उन मोमिन और परहेज़गार बन्दों के लिये तैयार कर रखा है जो उन चीज़ों पर ईमान रखते हैं जिन पर ईमान लाना अल्लाह तआला ने अनिवार्य कर दिया है, और अल्लाह तआला के लिए इख़्लास और उस के रसूल ﷺ के अनुपालन पर कार्यबद्ध रहते हुए अल्लाह और उसके रसूल का आज्ञापालन करते हैं। स्वर्ग में विभिन्न प्रकार की नेमतें हैं जिनको न तो किसी आँख ने देखा है, न किसी कान ने सुना है और न ही किसी मनुष्य के हृदय में उसकी कल्पना आई है, अल्लाह तआला ने फ़रमायाः

﴿إِنَّ ٱلَّذِينَ ءَامَنُوا۟ وَعَمِلُوا۟ ٱلصَّـٰلِحَـٰتِ أُو۟لَـٰٓئِكَ هُمْ خَيْرُ ٱلْبَرِيَّةِ ۝٧ جَزَآؤُهُمْ عِندَ رَبِّهِمْ جَنَّـٰتُ عَدْنٍ تَجْرِى مِن تَحْتِهَا ٱلْأَنْهَـٰرُ خَـٰلِدِينَ فِيهَآ أَبَدًا ۖ رَّضِىَ ٱللَّهُ عَنْهُمْ وَرَضُوا۟ عَنْهُ ۚ ذَٰلِكَ لِمَنْ خَشِىَ رَبَّهُۥ﴾ [البينة: ٧-٨]

निःसन्देह जो लोग ईमान लाये और पुण्य कार्य किए यही लोग सर्वश्रेष्ठ मनुष्य हैं। उनका बदला उनके प्रभु के पास सदैव रहने वाली जन्नतें हैं जिन के नीचे नहरें बह रही हैं जिन में वह सदैव रहेंगे, अल्लाह उन से प्रसन्न हुआ और यह उस से प्रसन्न हुए, यह (बदला) है उस के लिए जो अपने रब (प्रभु) से डरे। (सूरतुल-बैयिनाः ७,८)

तथा फरमायाः

﴿فَلَا تَعْلَمُ نَفْسٌ مَّآ أُخْفِىَ لَهُم مِّن قُرَّةِ أَعْيُنٍ جَزَآءًۢ بِمَا كَانُوا۟ يَعْمَلُونَ﴾ [السجدة: ١٧]

कोई प्राणी नहीं जानता जो कुछ हम ने उनकी आँखों की ठंढक उनके लिए छुपा कर रखी है, जो कुछ वह करते थे यह उसका बदला है। (सूरतुस्-सजूदाः१७)

इसके विपरीत नरक यातना और दण्ड का घर है जिसे अल्लाह तआला ने उन अत्याचारी नास्तिकों के लिए तैयार किया है जिन्हों ने अल्लाह तआला के साथ कुफ़्र किया और उसके संदेश्वाहकों की अवज्ञा (नाफ़र्मानी) की, उस (जहन्नम)

के अन्दर नाना प्रकार की यातनाएं और कष्ट हैं जो विचार में भी नहीं आ सकतीं, अल्लाह तआला ने फरमायाः

﴿ وَٱتَّقُواْ ٱلنَّارَ ٱلَّتِيٓ أُعِدَّتۡ لِلۡكَٰفِرِينَ ﴾ [آل عمران: ١٣١]

और उस अग्नि से डरो जो काफ़िरों के लिए बनाई गई है। (सूरत आल-इमरानः १३१)

और फ़रमायाः

﴿ وَقُلِ ٱلۡحَقُّ مِن رَّبِّكُمۡۖ فَمَن شَآءَ فَلۡيُؤۡمِن وَمَن شَآءَ فَلۡيَكۡفُرۡۚ إِنَّآ أَعۡتَدۡنَا لِلظَّٰلِمِينَ نَارًا أَحَاطَ بِهِمۡ سُرَادِقُهَاۚ وَإِن يَسۡتَغِيثُواْ يُغَاثُواْ بِمَآءٖ كَٱلۡمُهۡلِ يَشۡوِي ٱلۡوُجُوهَۚ بِئۡسَ ٱلشَّرَابُ وَسَآءَتۡ مُرۡتَفَقًا ﴾ [الكهف: ٢٩]

और घोषणा कर दीजिए कि यह परिपूर्ण सत्य (कुरआन) तुम्हारे रब (प्रभु) की ओर से है, अब जो चाहे ईमान लाए और जो चाहे कुफ़्र करे, अत्याचारियों के लिए हम ने वह अग्नि तैयार कर रखी है जिसकी लपटें उन्हें घेर लेंगी, यदि वह नालिश करेंगे तो उनके नालिश की पूर्ति उस पानी से की जाएगी जो तेल की तलछट के समान होगा जो चेहरे को भून देगा, यह बड़ा ही बुरा पानी है और यह (नरक) बड़ा बुरा ठिकाना है। (सूरतुल-कह्फ़ः २६)

और फरमायाः

﴿ إِنَّ ٱللَّهَ لَعَنَ ٱلۡكَٰفِرِينَ وَأَعَدَّ لَهُمۡ سَعِيرًا ٦٤ خَٰلِدِينَ فِيهَآ أَبَدٗاۖ لَّا يَجِدُونَ وَلِيّٗا وَلَا نَصِيرٗا ٦٥ يَوۡمَ تُقَلَّبُ وُجُوهُهُمۡ فِي ٱلنَّارِ يَقُولُونَ يَٰلَيۡتَنَآ أَطَعۡنَا ٱللَّهَ وَأَطَعۡنَا ٱلرَّسُولَا۠ ﴾ [الأحزاب: ٦٤ - ٦٦]

अल्लाह तआला ने काफ़िरों पर धिक्कार की है और उनके लिए भड़कती हुई आग तैयार कर रखी है। जिस में वह सदैव रहेंगे, वह कोई सहायक और सहयोगी न पायेंगे, उस दिन उनके चेहरे आग में उलट पलट किये जायेंगे और वह कहेंगे कि काश हम अल्लाह और उसके रसूल का आज्ञापालन करते। (सूरतुल अहज़ाबः ६४-६६)

आख़िरत के दिन पर ईमान लाने में मृत्यु के पश्चात घटने वाली समस्त चीज़ों पर ईमान लाना भी सम्मिलित है, उदाहरण स्वरूपः

(क) **क़ब्र की परीक्षाः** क़ब्र की परीक्षा से तात्पर्य (मुराद) यह है कि मृतक

को दफन करने (गाड़ने) के पश्चात उस से उसके रब (पालनहार), उसके धर्म और उसके नबी (ईश्दूत) के विषय में प्रश्न किया जाता है, फिर ईमान वालों को अल्लाह तआला पक्की बात के साथ मज़बूती और स्थिरता प्रदान करता है, चुनांचे बन्दा उत्तर देता है कि मेरा रब (पालनहार) अल्लाह है, मेरा धर्म इस्लाम है और मेरे पैग़म्बर मुहम्मद ﷺ हैं। इसके विपरीत अत्याचारियों को अल्लाह तआला पथ भ्रष्ट (शुद्ध उत्तर से वंचित) कर देता है, चुनांचे काफ़िर कहता है कि हाए, हाए, मैं नहीं जानता। और मुनाफिक़ अथवा शक्की व्यक्ति कहता है कि मैं नहीं जानता, लोगों को जो कहते हुए सुना वही मैं ने भी कह दिया।

(ख) क़ब्र की यातना और समृद्धि (सुख, चैन): चुनांचे क़ब्र की यातना (अज़ाब) मुनाफ़िक़ों और काफ़िरों जैसे अत्याचारियों के लिए है, अल्लाह तआला ने फ़रमायाः

﴿وَلَوْ تَرَىٰٓ إِذِ ٱلظَّٰلِمُونَ فِى غَمَرَٰتِ ٱلْمَوْتِ وَٱلْمَلَٰٓئِكَةُ بَاسِطُوٓا۟ أَيْدِيهِمْ أَخْرِجُوٓا۟ أَنفُسَكُمُ ٱلْيَوْمَ تُجْزَوْنَ عَذَابَ ٱلْهُونِ بِمَا كُنتُمْ تَقُولُونَ عَلَى ٱللَّهِ غَيْرَ ٱلْحَقِّ وَكُنتُمْ عَنْ ءَايَٰتِهِۦ تَسْتَكْبِرُونَ﴾ [الأنعام: ٩٣]

और यदि आप उस समय देखें जब यह अत्याचारी यम यातना (मरते समय की तक्लीफ) से पीड़ित होंगे और फरिश्ते अपने हाथ बढ़ा रहे होंगे कि हां अपनी प्राणों को निकालो, आज तुम को इस प्रत्याप्राध में निंदात्मक (अपमानजनक) यातना दी जायेगी जो तुम अल्लाह तआला पर असत्य बातें कहा करते थे और तुम अल्लाह की आयतों से अहंकार करते थे। (सूरतुल-अन्आमः ९३)

और अल्लाह तआला ने फिर्औनियों के विषय मे फरमायाः

﴿ٱلنَّارُ يُعْرَضُونَ عَلَيْهَا غُدُوًّا وَعَشِيًّا ۖ وَيَوْمَ تَقُومُ ٱلسَّاعَةُ أَدْخِلُوٓا۟ ءَالَ فِرْعَوْنَ أَشَدَّ ٱلْعَذَابِ﴾ [غافر: ٤٦]

आग है जिस पर यह प्रातः काल और सायंकाल पेश किये जाते हैं, और जिस दिन महाप्रलय होगा (आदेश होगा कि) फ़िर्औनियों को अत्यन्त कठिन यातना में झोंक दो। (सूरतुल-मोमिनः ४६)

सहीह मुस्लिम में ज़ैद बिन साबित ज की हदीस है कि नबी ﷺ ने फ़रमायाः

«فَلَوْلَا أَنْ لَا تَدَافَنُوْا لَدَعَوْتُ اللهَ أَنْ يُسْمِعَكُمْ مِنْ عَذَابِ الْقَبْرِ الَّذِي أَسْمَعُ مِنْهُ».

यदि यह भय न होता कि तुम मुर्दों को गाड़ना छोड़ दोगे तो मैं अल्लाह तआला से प्रार्थना करता कि वह तुम्हें भी क़ब्र की कुछ वह यातना सुना दे जो मैं सुनता हूँ।

फिर आप ﷺ आकर्षित हूये और फरमायाः नरक की यातना से अल्लाह तआला का शरण (पनाह) मांगो, सहाबा ने कहाः हम नरक की यातना से अल्लाह तआला का शरण मांगतें हैं, फिर फरमायाः क़ब्र की यातना से अल्लाह तआला का शरण मांगो, सहाबा ने कहाः हम क़ब्र की यातना से अल्लाह तआला का शरण मांगते हैं, फिर फरमायाः फित्नों (उपद्रवों) से, चाहे वह प्रत्यक्ष हों या परोक्ष, अल्लाह तआला का शरण मांगो, सहाबा ने कहाः हम फित्नों (उपद्रवों) से, चाहे वह प्रत्यक्ष हों या परोक्ष, अल्लाह तआला का शरण मांगते हैं, फिर फरमायाः दज्जाल के फित्ने (उपद्रव) से अल्लाह तआला का शरण मांगो, सहाबा ने कहाः हम दज्जाल के फित्ने से अल्लाह तआला का शरण मांगते हैं।

जहाँ तक क़ब्र की समृद्धि और सुख चैन का संबंध है तो यह सच्चे मोमिनों के लिए है, अल्लाह तआला ने फरमायाः

﴿إِنَّ الَّذِينَ قَالُوا رَبُّنَا اللَّهُ ثُمَّ اسْتَقَامُوا تَتَنَزَّلُ عَلَيْهِمُ الْمَلَائِكَةُ أَلَّا تَخَافُوا وَلَا تَحْزَنُوا وَأَبْشِرُوا بِالْجَنَّةِ الَّتِي كُنتُمْ تُوعَدُونَ﴾ [فصلت: ٣٠]

जिन लोगों ने कहा हमारा पालनहार अल्लाह है फिर उसी पर सुदृढ़ रहे, उनके पास फरिश्ते (यह कहते हुए) आते हैं कि तुम कुछ भी भय और शोक ग्रस्त न हो, और उस स्वर्ग की शुभ सूचना सुन लो जिस का तुम वायदा दिए गए हो। (सूरत-फुस्सिलतः ३०)

और फरमायाः

﴿فَلَوْلَا إِذَا بَلَغَتِ الْحُلْقُومَ ﴿٨٣﴾ وَأَنتُمْ حِينَئِذٍ تَنظُرُونَ ﴿٨٤﴾ وَنَحْنُ أَقْرَبُ إِلَيْهِ مِنكُمْ وَلَٰكِن لَّا تُبْصِرُونَ ﴿٨٥﴾ فَلَوْلَا إِن كُنتُمْ غَيْرَ مَدِينِينَ ﴿٨٦﴾ تَرْجِعُونَهَا إِن كُنتُمْ صَادِقِينَ ﴿٨٧﴾ فَأَمَّا إِن كَانَ مِنَ الْمُقَرَّبِينَ ﴿٨٨﴾ فَرَوْحٌ وَرَيْحَانٌ وَجَنَّتُ نَعِيمٍ﴾ [الواقعة: ٨٣-٨٩]

जब प्राण गले तक पहुंच जाए। और तुम उस समय आँखों से देखते रहो। और

हम उस व्यक्ति से तुम्हारे अनुपात अधिक निकट होते हैं किन्तु तुम नहीं देख सकते। यदि तुम किसी के आज्ञा अधीन नहीं और इस कथन में सत्य हो तो थोड़ा उस प्राण को लौटा दो। फिर यदि वह अल्लाह तआला का निकटवर्ती है तो उसके लिए विश्राम और श्रेष्ठ जीविकाएं और सुखदायक स्वर्ग है। (सूरतुल-वाक़िआः ८३-८६) सूरत के अन्त तक।

बरा बिन आज़िब ﷺ से रिवायत है कि नबी ﷺ ने मोमिन के विषय में जब वह क़ब्र में फरिश्तों के प्रश्नों का उत्तर देता है, फरमायाः

«يُنَادِيْ مُنَادٍ مِنَ السَّمَاءِ أَنْ صَدَقَ عَبْدِيْ، فَأَفْرِشُوْهُ مِنَ الْجَنَّةِ، وَأَلْبِسُوْهُ مِنَ الْجَنَّةِ، وَافْتَحُوْا لَهُ بَاباً إِلَى الْجَنَّةِ، قَالَ: فَيَأْتِيْهِ مِنْ رَوْحِهَا وَطِيْبِهَا، وَيُفْسَحُ لَهُ فِيْ قَبْرِهِ مَدَّ بَصَرِهِ».

आकाश से एक उद्घोषणा (मुनादी) करने वाला आवाज़ देता है कि मेरे बन्दे ने सच्च कहा, अतः उस के लिए स्वर्ग का बिछौना लगा दो, उसे स्वर्ग का पोशाक पहना दो और उस के लिए स्वर्ग की ओर एक द्वार खोल दो, आप ﷺ ने फरमाया कि फिर उसे स्वर्ग की सुगन्ध और भोजन पहुंचता रहता है, और उसकी समाधि जहां तक उसकी नज़र जाती है विस्तृत कर दी जाती है। इमाम अहमद और अबुदाऊद ने इस को एक विशाल हदीस के अन्तरगत रिवायत किया है।

आखिरत के दिन पर ईमान लाने के फायदेः

आख़िरत के दिन पर ईमान लाने के बहुत लाभ हैं, जिन में से कुछ यह हैंः

१ आखिरत के दिन के पुण्य की आशा में आज्ञापालन (इताअत) के कार्यों की इच्छा और रूचि पैदा होती है।

२ आखिरत के दिन की यातना के भय से अवज्ञा (पाप) करने तथा पाप से प्रसन्न होने से डर का अनुभव पैदा होता है।

३ सांसारिक भलाईयों और हितों के प्राप्त न होने पर मोमिन को ढारस प्राप्त होता है, क्योंकि वह आख़िरत की नेमतों और प्रतिफल की आशा रखता है।

काफिरों ने असम्भव समझ कर मृत्यु के पश्चात पुनः जीवित किए जाने को

अस्वीकार किया है, किन्तु उनका यह विचार असत्य (बातिल) है, उसके असत्य होने पर शरीअत, हिस् और बुद्धि सब दलालत करते हैं।

शरीअत की दलालत (तर्क): शरीअत की दलालत यह है कि अल्लाह तआला ने फरमायाः

﴿زَعَمَ ٱلَّذِينَ كَفَرُوٓاْ أَن لَّن يُبْعَثُواْۚ قُلْ بَلَىٰ وَرَبِّي لَتُبْعَثُنَّ ثُمَّ لَتُنَبَّؤُنَّ بِمَا عَمِلْتُمْۚ وَذَٰلِكَ عَلَى ٱللَّهِ يَسِيرٌ﴾ [التغابن: ٧]

इन काफिरों का भ्रम (गुमान) है कि वह पुनः जीवित नहीं किए जायेंगे, आप कह दीजिए कि क्यों नहीं, अल्लाह की सौगन्ध ! तुम अवश्य पुनः जीवित किए जाओगे, फिर जो तुम ने किया है उस से अवगत कराए जाओगे, और अल्लाह पर यह अत्यन्त सरल है। (सूरतुत-तग़ाबुनः ७)

और तमाम आसमानी पुस्तकें इस मस्अले पर सहमत हैं।

हिस् की दलालतः हिस् की दलालत यह है कि अल्लाह तआला ने इसी संसार में मृतकों को पुनः जीवित करके अपने बन्दों को दिखाया है, सूरतुल बक़रा में इसके पाँच उदाहरण हैं, जो यह हैं:

प्रथम उदाहरणः मूसा ﷺ की क़ौम की घटना है, जब उन्हों ने मूसा ﷺ से कहा कि: ‘‘जब तक हम अल्लाह को सामने देख न लें कदापि तुम पर ईमान नहीं लायेंगे”, चुनांचे अल्लाह तआला ने उन्हें मृत्यु दे दी, फिर उन्हें पुनः जीवित कर दिया, इसी संबंध में अल्लाह तआला ने बनी इस्राईल को सम्बोधित करते हुए फरमायाः

﴿وَإِذْ قُلْتُمْ يَٰمُوسَىٰ لَن نُّؤْمِنَ لَكَ حَتَّىٰ نَرَى ٱللَّهَ جَهْرَةً فَأَخَذَتْكُمُ ٱلصَّٰعِقَةُ وَأَنتُمْ تَنظُرُونَ ﴿٥٥﴾ ثُمَّ بَعَثْنَٰكُم مِّنۢ بَعْدِ مَوْتِكُمْ لَعَلَّكُمْ تَشْكُرُونَ﴾ [البقرة: ٥٥-٥٦]

और जब तुम ने मूसा से कहा था कि जब तक हम अल्लाह को सामने न देख लें कदापि तुम पर ईमान नहीं लायेंगे (जिस दुर्व्यवहार के बदले में) तुम्हारे देखते ही तुम पर बिजली गिरी। किन्तु फिर उस मृत्यु के पश्चात भी हम ने तुम्हें जीवित कर दिया ताकि तुम कृतज्ञ (शुक्रगुज़ार) बनो। (सूरतुल-बक़राः ५५,५६)

द्वितीय उदाहरणः उस मक़्तूल (वधित) की घटना है जिसके विषय में बनी इस्राईल ने झगड़ा किया तो अल्लाह तआला ने उन्हें आदेश दिया कि वह एक गाय की बली करें फिर उसी गाय के एक टुकड़े से मक़्तूल के शरीर पर मारें, ताकि वह (मक़्तूल जीवित हो कर) अपने हत्यारे को बतलाए, इसी संबंध में अल्लाह तआला ने फरमायाः

﴿وَإِذْ قَتَلْتُمْ نَفْسًا فَادَّارَأْتُمْ فِيهَا وَاللَّهُ مُخْرِجٌ مَا كُنْتُمْ تَكْتُمُونَ ﴿٧٢﴾ فَقُلْنَا اضْرِبُوهُ بِبَعْضِهَا كَذَٰلِكَ يُحْيِي اللَّهُ الْمَوْتَىٰ وَيُرِيكُمْ آيَاتِهِ لَعَلَّكُمْ تَعْقِلُونَ﴾ [البقرة: ٧٢-٧٣]

और जब तुम ने एक व्यक्ति का वध कर दिया, फिर उस में विवाद करने लगे, और अल्लाह तआला जिसे तुम गुप्त रख रहे थे उसे प्रत्यक्ष (ज़ाहिर) करने वाला था। हम ने कहा कि इस गाय के एक टुकड़े से मक़्तूल के शरीर पर मारो (वह जी उठेगा) इसी प्रकार अल्लाह तआला मृतकों को जीवित करके अपनी निशानियां तुम्हे दिखाता है ताकि तुम समझो। (सूरतुल बक़राः ७२,७३)

तीसरा उदाहरणः उन लोगों की घटना है जो हज़ारों की संख्या में थे और मृत्यु के भय से अपने घरों से निकल खड़े हुए थे, तो अल्लाह तआला ने उन्हें मौत दे दी, फिर उन्हें पुनः जीवित कर दिया, इसी संबंध में अल्लाह तआला फरमाता हैः

﴿أَلَمْ تَرَ إِلَى الَّذِينَ خَرَجُوا مِنْ دِيَارِهِمْ وَهُمْ أُلُوفٌ حَذَرَ الْمَوْتِ فَقَالَ لَهُمُ اللَّهُ مُوتُوا ثُمَّ أَحْيَاهُمْ إِنَّ اللَّهَ لَذُو فَضْلٍ عَلَى النَّاسِ وَلَٰكِنَّ أَكْثَرَ النَّاسِ لَا يَشْكُرُونَ﴾ [البقرة:٢٤٣]

क्या तुम ने उन्हें नहीं देखा जो हज़ारों की संख्या में थे और मौत के डर से अपने घरों से निकल खड़े हुए थे, तो अल्लाह तआला ने उन से फरमायाः मर जाओ, फिर उन्हें जीवित कर दिया, निःसन्देह अल्लाह तआला लोगों पर बड़ा अनुकम्पा और महान कृपा वाला है, किन्तु अधिकांश लोग ना शुक्रे हैं। (सूरतुल-बक़राः २४३)

चौथा उदाहरणः उस व्यक्ति की घटना है जो एक मुर्दा गाँव से गुज़रा और इस सत्यता को असम्भव समझा कि अल्लाह तआला उस गाँव को पुनः जीवित

करेगा, चुनांचे अल्लाह तआला ने उसे सौ साल के लिए मृत्यु दे दी, फिर उसे पुनः जीवित कर दिया, इसी संबंध में अल्लाह तआला फरमाता हैः

﴿أَوْ كَالَّذِي مَرَّ عَلَىٰ قَرْيَةٍ وَهِيَ خَاوِيَةٌ عَلَىٰ عُرُوشِهَا قَالَ أَنَّىٰ يُحْيِي هَٰذِهِ اللَّهُ بَعْدَ مَوْتِهَا ۖ فَأَمَاتَهُ اللَّهُ مِائَةَ عَامٍ ثُمَّ بَعَثَهُ ۖ قَالَ كَمْ لَبِثْتَ ۖ قَالَ لَبِثْتُ يَوْمًا أَوْ بَعْضَ يَوْمٍ ۖ قَالَ بَل لَّبِثْتَ مِائَةَ عَامٍ فَانظُرْ إِلَىٰ طَعَامِكَ وَشَرَابِكَ لَمْ يَتَسَنَّهْ ۖ وَانظُرْ إِلَىٰ حِمَارِكَ وَلِنَجْعَلَكَ آيَةً لِّلنَّاسِ ۖ وَانظُرْ إِلَى الْعِظَامِ كَيْفَ نُنشِزُهَا ثُمَّ نَكْسُوهَا لَحْمًا ۚ فَلَمَّا تَبَيَّنَ لَهُ قَالَ أَعْلَمُ أَنَّ اللَّهَ عَلَىٰ كُلِّ شَيْءٍ قَدِيرٌ﴾ [البقرة: ٢٥٩]

या उस व्यक्ति के समान जिस का गुज़र उस गाँव से हुआ जो छत के बल औंधी पड़ी थी, वह कहने लगा कि उसकी मृत्यु के पश्चात अल्लाह तआला उसे कैसे जीवित करेगा? तो अल्लाह तआला ने उसे सौ साल के लिए मार दिया, फिर उसे उठाया और पूछाः तुझ पर कितना समय बीता? कहने लगाः एक दिन, या दिन का कुछ भाग, फरमायाः बल्कि तू सौ साल तक पड़ा रहा, फिर तू अपने खाने पीने को देख कि थोड़ा भी दूषित नही हुआ, और अपने गधे को भी देख, हम तुझे लोगों के लिए एक चिन्ह बनाते हैं, तू देख कि हम हड्डियों को किस प्रकार उठाते हैं, फिर उस पर मांस चढ़ाते हैं, जब यह सब स्पष्ट हो चुका तो कहने लगा कि मैं जानता हूं कि अल्लाह तआला प्रत्येक चीज़ पर कुद्रत वाला है। (सूरतुल-बक़राः २५६)

पांचवाँ उदाहरणः इब्राहीम ख़लीलुल्लाह ﷺ की घटना है, जब उन्हों ने अल्लाह तआला से यह प्रश्न किया कि वह उन्हें यह दिखा दे कि मृतकों को किस प्रकार से जीवित करेगा? तो अल्लाह तआला ने उन्हें आदेश दिया कि वह चार पंक्षी ज़ब्ह करके उनके टुकड़ों को अपने आस पास के पहाड़ों पर बिखेर दें, फिर उन्हें पुकारें, तो यह बिखरे हूए टुकड़े एक साथ मिल कर दौड़ते हूए इब्राहीम ﷺ के पास आजायेंगे, इसी संबंध में अल्लाह तआला फरमाता हैः

﴿وَإِذْ قَالَ إِبْرَاهِيمُ رَبِّ أَرِنِي كَيْفَ تُحْيِي الْمَوْتَىٰ ۖ قَالَ أَوَلَمْ تُؤْمِن ۖ قَالَ بَلَىٰ وَلَٰكِن لِّيَطْمَئِنَّ قَلْبِي ۖ قَالَ فَخُذْ أَرْبَعَةً مِّنَ الطَّيْرِ فَصُرْهُنَّ إِلَيْكَ ثُمَّ اجْعَلْ عَلَىٰ كُلِّ جَبَلٍ مِّنْهُنَّ جُزْءًا ثُمَّ ادْعُهُنَّ يَأْتِينَكَ سَعْيًا ۚ وَاعْلَمْ أَنَّ اللَّهَ عَزِيزٌ حَكِيمٌ﴾ [البقرة: ٢٦٠]

और जब इब्राहीम ﷺ ने कहा कि ऐ मेरे प्रभु! मुझे दिखा तू मृतकों को किस प्रकार जीवित करेगा? (अल्लाह तआला ने) फरमायाः क्या तुम्हें ईमान (विश्वास) नहीं? उत्तर दियाः ईमान तो है किन्तु मेरे हृदय का आश्वासन हो जाएगा, फरमायाः चार पंक्षी लो और उनके टुकड़े कर डालो, फिर हर पहाड़ पर उनका एक एक टुकड़ा रख दो, फिर उन्हें पुकारो तुम्हारे पास दौड़ते हुए आ जायेंगे, और जान लो कि अल्लाह तआला ग़ालिब् (बलूवान) और हिक्मत वाला (सर्वबुद्धिमान) है। (सूरतुल-बक़राः २६०)

यह अनुभूत (हिस्सी) उदाहरण हैं जो घटित हो चुके हैं और इस तत्व पर तर्क हैं कि मृतकों का पुनः जीवित किया जाना सम्भव है। और इस से पूर्व संकेत किया जा चुका है कि अल्लाह तआला ने ईसा बिन मर्यम ﷺ को जो निशानियां प्रदान की थीं उन में अल्लाह तआला की आज्ञा से मृतकों को जीवित करना और उनको क़ब्रों से बाहर निकालना भी था।

❁ **बुद्धि की दलालतः** मरने के पश्चात पुनःजीवित किए जाने पर बुद्धि -अक़्ल- दो प्रकार से दलालत करती हैः

1 अल्लाह तआला आकाश और धरती तथा उनके बीच पाई जाने वाली समस्त वस्तु का पैदा करने वाला (उत्पत्तिकर्ता) है, उस ने उन सब को पहली बार पैदा किया है, और जो ज़ात पहली बार पैदा करने पर क़ुद्रत रखती हो वह पुनः पैदा करने से विवश और बेबस नहीं हो सकती, अल्लाह तआला ने फरमायाः

﴿وَهُوَ ٱلَّذِي يَبۡدَؤُاْ ٱلۡخَلۡقَ ثُمَّ يُعِيدُهُۥ وَهُوَ أَهۡوَنُ عَلَيۡهِ﴾ [الروم: ٢٧]

वही है जो पहली बार मख़्लूक़ को पैदा करता है, फिर उसे पुनः पैदा करेगा, और यह तो उस पर बहुत ही सरल है। (सूरतुर-रूमः २७)

तथा फरमायाः

﴿كَمَا بَدَأۡنَآ أَوَّلَ خَلۡقٖ نُّعِيدُهُۥۚ وَعۡدًا عَلَيۡنَآۚ إِنَّا كُنَّا فَٰعِلِينَ﴾ [الأنبياء: ١٠٤]

जैसे हम ने प्रथम बार पैदा किया था उसी प्रकार पुनः करेंगे, यह हमारे प्रति वायदा है और हम इसे अवश्य करके रहेंगे। (सूरतुल-अंबियाः १०४)

तथा सड़ी गली (जीर्ण) हड्डियों को जीवित किए जाने को नकारने वाले व्यक्ति का खण्डन करने का आदेश देते हूए अल्लाह तआला ने फरमायाः

﴿قُلۡ يُحۡيِيهَا ٱلَّذِيٓ أَنشَأَهَآ أَوَّلَ مَرَّةٖۖ وَهُوَ بِكُلِّ خَلۡقٍ عَلِيمٌ﴾ [يس: ٧٩]

आप कह दीजिए कि उन्हें वही जीवित करेगा जिस ने उन्हें प्रथम बार पैदा किया है, और वह समस्त प्रकार की पैदाइश (उत्पत्ति) का भली-भांति जानने वाला है। (सूरत यासीनः ७९)

२ धरती मृत (बंजर) और सूखी हुई होती है, उस में कोई हरा भरा पेड़ पौदा नहीं होता, फिर उस पर वर्षा होती है तो वह जीवित और हरी भरी होकर उभरने लगती है और उस में भिन्न प्रकार की मनोरम और सुदृष्य चीज़ें उग आती हैं, अतः जो ज़ात धरती की मृत्यु के पश्चात उसे जीवित करने पर सामर्थी है वह मृतकों को पुनः जीवित करने पर भी सामर्थी है, अल्लाह तआला ने फरमायाः

﴿وَمِنۡ ءَايَٰتِهِۦٓ أَنَّكَ تَرَى ٱلۡأَرۡضَ خَٰشِعَةٗ فَإِذَآ أَنزَلۡنَا عَلَيۡهَا ٱلۡمَآءَ ٱهۡتَزَّتۡ وَرَبَتۡۚ إِنَّ ٱلَّذِيٓ أَحۡيَاهَا لَمُحۡيِ ٱلۡمَوۡتَىٰٓۚ إِنَّهُۥ عَلَىٰ كُلِّ شَيۡءٖ قَدِيرٌ﴾ [فصلت: ٣٩]

अल्लाह की निशानियों में से यह भी है कि तू धरती को सूखी हुई और मृत देखता है, फिर जब हम उस पर वर्षा बरसाते हैं तो वह हरित हो कर उभरने लगती है, जिस ने उसे जीवित किया है वही निःसन्देह (निश्चित तौर पर) मृतकों को भी जीवित करने वाला है, निः सन्देह वह प्रत्येक चीज़ पर सामर्थी है। (सूरत-फुस्सिलतः ३९)

तथा फरमायाः

﴿وَنَزَّلۡنَا مِنَ ٱلسَّمَآءِ مَآءٗ مُّبَٰرَكٗا فَأَنۢبَتۡنَا بِهِۦ جَنَّٰتٖ وَحَبَّ ٱلۡحَصِيدِ ۝٩ وَٱلنَّخۡلَ بَاسِقَٰتٖ لَّهَا طَلۡعٞ نَّضِيدٞ ۝١٠ رِّزۡقٗا لِّلۡعِبَادِۖ وَأَحۡيَيۡنَا بِهِۦ بَلۡدَةٗ مَّيۡتٗاۚ كَذَٰلِكَ ٱلۡخُرُوجُ﴾ [ق: ٩-١١]

और हम ने आकाश से शुभ (बा-बरकत) पानी बरसाया और उस से बाग़ीचे और कटने वाले खेत के अन्न पैदा किए तथा खजूरों के ऊँचे ऊँचे पेड़ जिन के गुच्छे तह ब तह हैं। बन्दों की जीविका के लिए, और हम ने पानी से मृत नगर को जीवित कर दिया, इसी प्रकार (क़ब्रों से) निकलना है। (सूरत क़ाफ़ः ९-११)

कुछ पथ भ्रष्ट सम्प्रदायों ने क़ब्र की यातना (अज़ाब) और उसकी समृद्धि (नेमत) को अस्वीकार किया है, उनका विचार है कि यह चीज़ असम्भव है, क्योंकि वस्तुस्थिति (वाक़ईयत) से इसका खण्डन होता है, वह कहते हैं कि यदि क़ब्र खोद कर मृतक को देखा जाए तो वह अपनी पूर्व दशा पर मिलेगा, तथा क़ब्र की तंगी और विस्तार में कोई अन्तर नहीं होगा।

उनका यह विचार शरीअत, हिस् (अनुभव) और बुद्धि हर पक्ष से असत्य है:

शरीअत के पक्ष से यह विचार इस लिए असत्य है कि पिछले पृष्ठों में आखिरत के दिन पर ईमान लाने में सम्मिलित चीज़ों के अंतर्गत धारा (ख) में उन प्रमाणों (तर्कों) का उल्लेख हो चुका है जो क़ब्र की यातना और उसकी समृद्धि (नेमत) पर दलालत करते हैं।

और सहीह बुखारी में इब्ने अब्बास रज़ियल्लाहु अन्हुमा की हदीस है, वह बयान करते हैं कि नबी ﷺ मदीना के कुछ इहातों (बागीचों) से गुज़रे तो दो व्यक्तियों की आवाज़ सुनी जिन को क़ब्र में यातना हो रहा था, इब्ने अब्बास रज़ियल्लाहु अन्हुमा ने पूरी हदीस बयान की, और उसी हदीस में है (कि आप ﷺ ने फरमाया):

«أَنَّ أَحَدَهُمَا كَانَ لاَ يَسْتَتِرُ مِنَ الْبَوْلِ -وَفِيْ رِوَايَةٍ: مِنْ بَوْلِه- وَأَنَّ الآخَرَ كَانَ يَمْشِيْ بِالنَّمِيْمَةِ».

उन दोनों में से एक व्यक्ति पेशाब से -और एक रिवायत में है कि अपने पेशाब से- नहीं बचता था, और दूसरा चुग़ली खाता फिरता था।

हिस के पक्ष से यह विचार इस लिए असत्य है कि सोने वाला व्यक्ति सपने में यह देखता है कि वह किसी विस्तृत और सुदृश्य स्थान पर नेमतों से लाभान्वित हो रहा है, अथवा यह देखता है कि वह किसी तंग और भयानक स्थान पर दुख और कष्ट से पीड़ित है, और प्रायः वह सपने के कारण जाग भी जाता है, हालांकि वह अपने कमरे में अपने बिछौने पर अपनी पूर्व दशा में पहले की तरह पड़ा होता है। और निद्रा मृत्यु की बहन (अर्थात उसके समान) है, इसी लिए अल्लाह तआला ने उसे वफ़ात (मृत्यु) से नामित किया है, अल्लाह तआला ने फरमायाः

﴿ ٱللَّهُ يَتَوَفَّى ٱلْأَنفُسَ حِينَ مَوْتِهَا وَٱلَّتِي لَمْ تَمُتْ فِي مَنَامِهَا فَيُمْسِكُ ٱلَّتِي قَضَىٰ عَلَيْهَا ٱلْمَوْتَ وَيُرْسِلُ ٱلْأُخْرَىٰٓ إِلَىٰٓ أَجَلٍ مُّسَمًّى ۚ إِنَّ فِي ذَٰلِكَ لَءَايَٰتٍ لِّقَوْمٍ يَتَفَكَّرُونَ ﴾ [الزمر: ٤٢]

अल्लाह ही प्राणों (आत्माओं) को उनकी मृत्यु के समय और जिनकी मौत नहीं आई उन्हें उनकी निद्रा के समय वफात देता (निष्कासित कर लेता) है, फिर जिन पर मृत्यु का आदेश सिद्ध हो चुका है उन्हें तो रोक लेता है और दूसरी आत्माओं को एक निर्धारित समय तक के लिए छोड़ देता है। (सूरतुज़-जुमरः ४२)

बुद्धि के पक्ष से यह विचार इस लिए असत्य है कि सोने वाला व्यक्ति निद्रा की अवस्था में सच्चे सपने देखता है जो वस्तुस्थिति (हक़ीक़ते हाल) के अनुकूल होते हैं, बल्कि प्रायः वह सपने में नबी ﷺ को आपकी असली शक्ल पर देखता है, और जो व्यक्ति आप ﷺ को आप की असल शक्ल पर देख ले तो उसका सपना सच्चा है, हालांकि सपना देखने वाला अपने कमरे में अपने बिछौने पर लेटा होता है और सपने में देखी गई चीज़ से कहीं दूर होता है, तो जब यह बात संसार के दशाओं में सम्भव है तो आख़िरत की दशाओं में क्यों कर सम्भव नहीं हो सकता?!

जहां तक क़ब्र की यातना और उसकी नेमतों को अस्वीकार करने वालों के इस प्रमाण का संबंध है कि यदि क़ब्र को खोद कर देखा जाए तो मृतक अपनी पूर्व दशा पर मिलेगा, तथा क़ब्र की तंगी और विस्तार में कोई अन्तर नहीं होगा, तो इसका उत्तर कई प्रकार से दिया जा सकता है, जिन में से कुछ यह हैं:

1 शरीअत की लाई हुई शिक्षाओं का इस प्रकार के निर्बल सन्देहों से प्रतिरोध नहीं किया जा सकता, इन सन्देहों के द्वारा प्रतिरोध करने वाला यदि शरीअत की शिक्षाओं पर वस्तुतः चिंतन और विचार करे तो उसे इन सन्देहों की असत्यता और खण्डन का पता चल जायेगा, कवि कहता है:

وكم من عائب قولا صحيحا   وآفته من الفهم السقيم

कितने लोग ऐसे हैं जो सहीह कथन की आलोचना करते हैं, हालांकि उनकी आलोचना स्वयं उनकी भ्रान्ति (कमज़ोर समझ) का परिणाम होती है।

❷ बर्ज़ख़ की अवस्था का संबंध उन अदृश्य (ग़ैबी) चीज़ों से है जिसका बोध हिस् (चेतना) नहीं कर सकती, यदि चेतना के द्वारा उन चीज़ों का बोध कर लिया जाता तो ग़ैब (परोक्ष तथा अदृश्य) पर ईमान लाने का लाभ ही समाप्त (लुप्त) हो जाता और फिर ग़ैब पर ईमान रखने वाले और अस्वीकार करने वाले दोनों ही ग़ैब की बातों की पुष्टि करने में समान और बराबर हो जाते।

❸ क़ब्र की यातना और समृद्धि (नेमत) तथा उसकी तंगी और विस्तार का बोध केवल मृतक कर सकता है कोई अन्य नहीं कर सकता, इसका उदाहरण वैसे ही है जैसे सोने वाला व्यक्ति सपने में यह देखता है कि वह किसी तंग और भयानक स्थान पर है या किसी विस्तार और सुदृश्य स्थान पर है, हालांकि किसी दूसरे व्यक्ति के देखने के एतबार से उसके सोने में कोई अन्तर नहीं आया, बल्कि वह अपने कमरे में अपने ओढ़ने बिछौने के बीच लेटा हुआ है। इसी प्रकार नबी ﷺ के पास वह्य आती और आप सहाबा के बीच उपस्थित होते, आप वह्य सुनते और सहाबा नहीं सुनते थे, बल्कि कभी कभार वह्य का फरिश्ता मानव आकृति (रूप) में आता और आप से बात चीत करता, किन्तु सहाबा न तो फरिश्ते को देखते और न ही उसकी बात चीत सुनते थे।

❹ मख़्लूक़ का बोध और ज्ञान अल्लाह तआला की प्रदान की हुई शक्ति और समझ-बूझ तक सीमित है, वह प्रत्येक मौजूद वस्तु का बोध नहीं कर सकते, चुनांचे सातों आकाश, धरती और उनके भीतर मौजूद प्रत्येक मख़्लूक़, और प्रत्येक वस्तु अल्लाह की वास्तविक तस्बीह बयान करती हैं, जिसे अल्लाह तआला अपने बन्दों में से जिस को चाहे कभी सुना भी देता है, किन्तु उसके बावजूद उस तस्बीह की कैफियत हम से गुप्त और लुप्त है, इसी संबंध में अल्लाह तआला फरमाता है:

﴿تُسَبِّحُ لَهُ ٱلسَّمَٰوَٰتُ ٱلسَّبْعُ وَٱلْأَرْضُ وَمَن فِيهِنَّ وَإِن مِّن شَيْءٍ إِلَّا يُسَبِّحُ بِحَمْدِهِۦ وَلَٰكِن لَّا تَفْقَهُونَ تَسْبِيحَهُمْ﴾ [الإسراء: ٤٤]

सातों आकाश और धरती और जो भी उन में है सब उसी की तस्बीह कर रहे हैं, ऐसी कोई चीज़ नहीं जो उसे पवित्रता और प्रशंसा के साथ याद न करती हो, किन्तु तुम उनकी तस्बीह समझ नहीं सकते। (सूरतुल-इस्राः ४४)

इसी प्रकार जिन्न और शैतान धरती पर आते जाते और चलते फिरते हैं, जिन्नों के एक समूह ने रसूलुल्लाह ﷺ के पास उपस्थित हो कर चुपके से आप की तिलावत सुना है, और फिर वापस जाकर अपनी जाति को डराया, किन्तु इन सारी तथ्यों (हक़ीक़तों) के उपरान्त यह मख़्लूक़ हम से गुप्त और लुप्त है, इसी संबंध में अल्लाह तआला फरमाता है:

﴿ يَٰبَنِيٓ ءَادَمَ لَا يَفۡتِنَنَّكُمُ ٱلشَّيۡطَٰنُ كَمَآ أَخۡرَجَ أَبَوَيۡكُم مِّنَ ٱلۡجَنَّةِ يَنزِعُ عَنۡهُمَا لِبَاسَهُمَا لِيُرِيَهُمَا
سَوۡءَٰتِهِمَآۚ إِنَّهُۥ يَرَىٰكُمۡ هُوَ وَقَبِيلُهُۥ مِنۡ حَيۡثُ لَا تَرَوۡنَهُمۡۗ إِنَّا جَعَلۡنَا ٱلشَّيَٰطِينَ أَوۡلِيَآءَ لِلَّذِينَ لَا يُؤۡمِنُونَ ﴾

[الأعراف: ٢٧]

ऐ आदम की संतान ! शैतान तुम को किसी परीक्षा में न डाल दे जैसाकि उस ने तुम्हारे माता-पिता को स्वर्ग से निष्कासित करवा दिया, ऐसी दशा में उनका पोशाक भी उतरवा दिया ताकि वह उनको उनके गोपन अंग दिखाए, वह और उसका जत्था तुम को इस प्रकार देखता है कि तुम उनको नहीं देखते हो, हम ने शैतानों को उन्हीं लोगों का मित्र बनाया है जो ईमान नहीं रखते। (सूरतुल-आराफः २७)

जब मनुष्य प्रत्येक उपस्थित (मौजूद) वस्तु का बोध नहीं कर सकते, तो उनके लिए उचित नहीं है कि उन प्रमाण सिद्ध (साबित शुदा) ग़ैब की चीज़ों को नकारें जिसका वह बोध नहीं कर सके हैं।

तक़्दीर -भाग्य- पर ईमान लाना

"قَدَر" (क़दर्) दाल अक्षर के ज़बर् के साथ है, इसका अर्थ है अल्लाह तआला का अपने पूर्व ज्ञान और अपनी हिक्मत (नीति) के तक़ाज़े के अनुसार संसार का भाग्य निर्धारित करना।

तक़्दीर पर ईमान लाने में चार चीज़ें सम्मिलित हैं:

प्रथमः इस बात पर ईमान लाना कि अल्लाह तआला को प्रत्येक चीज़ का सार (इज्मााली) रूप से तथा विस्तार पूर्वक, अनादि-काल -अज़ल- (सृष्टि काल) तथा अनंत-काल -अबद- से ज्ञान है, चाहे उसका संबंध अल्लाह तआला की क्रियाओं से हो अथवा उसके बन्दों के कार्यों से।

द्वितीयः इस बात पर ईमान लाना कि अल्लाह तआला ने उस चीज़ को लौहे मह्फ़ूज़ (सुरक्षित पट्टिका) में लिख रखा है, इन्हीं दोनों चीज़ों के विषय में अल्लाह तआला फरमाता है:

﴿أَلَمْ تَعْلَمْ أَنَّ ٱللَّهَ يَعْلَمُ مَا فِى ٱلسَّمَآءِ وَٱلْأَرْضِ ۗ إِنَّ ذَٰلِكَ فِى كِتَٰبٍ ۚ إِنَّ ذَٰلِكَ عَلَى ٱللَّهِ يَسِيرٌ﴾

[الحج: ٧٠]

क्या आप ने नहीं जाना कि आकाश और धरती की प्रत्येक चीज़ अल्लाह तआला के ज्ञान में है, यह सब लिखी हुई पुस्तक में सुरक्षित है, अल्लाह तआला पर तो यह कार्य अति सरल है। (सूरतुल-हज्जः ७०)

और सहीह मुस्लिम में अब्दुल्लाह बिन अम्र बिन आस रज़ियल्लाहु अन्हुमा से रिवायत है, वह बयान करते हैं कि मैं ने रसूलुल्लाह ﷺ को यह कहते हुए सुना:

«كَتَبَ اللهُ مَقَادِيرَ الْخَلَائِقِ قَبْلَ أَنْ يَخْلُقَ السَّمٰوَاتِ وَالأَرْضَ بِخَمْسِينَ أَلْفَ سَنَةٍ».

अल्लाह तआला ने आकाशों और धरती की रचना करने से पचास हज़ार वर्ष पूर्व समस्त सृष्टि की भाग्यों (तक़्दीरों) को लिख रखा था।

❁ तीसराः इस बात पर ईमान लाना कि संसार की प्रत्येक चीज़ का वजूद अल्लाह तआला की मशीयत (इच्छा) पर निर्भर है, चाहे उसका संबंध अल्लाह तआला की क्रिया से हो या मख़्लूक़ की क्रिया से, अल्लाह तआला ने अपने कार्य के संबंध में फरमायाः

﴿وَرَبُّكَ يَخْلُقُ مَا يَشَآءُ وَيَخْتَارُ﴾ [القصص: ٦٨]

और आप का रब (स्वामी) जो इच्छा करता है पैदा करता है और जिसे चाहता है चुन लेता है। (सूरतुल-क़सस़ः६८)

तथा फरमायाः

﴿وَيَفْعَلُ ٱللَّهُ مَا يَشَآءُ﴾ [إبراهيم: ٢٧]

और अल्लाह जो चाहे कर गुज़रता है। (सूरत इब्राहीमः २७)

और फरमायाः

﴿هُوَ ٱلَّذِى يُصَوِّرُكُمْ فِى ٱلْأَرْحَامِ كَيْفَ يَشَآءُ﴾ [آل عمران: ٦]

वही है जो माता के गर्भ में जिस प्रकार चाहता है तुम्हारे रूप बनाता है। (सूरत आल-इम्रानः ६)

तथा मख्लूक़ के विषय में फरमायाः

﴿وَلَوْ شَآءَ ٱللَّهُ لَسَلَّطَهُمْ عَلَيْكُمْ فَلَقَـٰتَلُوكُمْ﴾ [النساء: ٩٠]

और यदि अल्लाह तआला चाहता तो तुम्हें उनके अधिकार अधीन कर देता और वह अवश्य तुम से युद्ध करते। (सूरतुन-निसाः ९०)

और फरमायाः

﴿وَلَوْ شَآءَ رَبُّكَ مَا فَعَلُوهُ فَذَرْهُمْ وَمَا يَفْتَرُونَ﴾ [الأنعام: ١١٢]

और यदि तुम्हारा रब (स्वामी) चाहता तो वह ऐसे कार्य न करते, अतः आप इन लोगों को और जो कुछ यह आरोप लगा रहे हैं उसको रहने दीजिये। (सूरतुल-अन्आमः ११२)

❂ **चौथाः** इस बात पर ईमान लाना कि संसार की प्रत्येक वस्तु अपनी ज़ात (अस्तित्व), विशेषता और गतिविधियों के साथ अल्लाह तआला की सृष्टि (मख़्लूक़) है, अल्लाह तआला ने फरमायाः

﴿اللَّهُ خَالِقُ كُلِّ شَيْءٍ وَهُوَ عَلَى كُلِّ شَيْءٍ وَكِيلٌ﴾ [الزمر: ٦٢]

अल्लाह प्रत्येक चीज़ का पैदा करने वाला है और वही प्रत्येक चीज़ का निरीक्षक है। (सूरतुज़-ज़ुमरः ६२)

और फरमायाः

﴿وَخَلَقَ كُلَّ شَيْءٍ فَقَدَّرَهُ تَقْدِيرًا﴾ [الفرقان: ٢]

और उस ने प्रत्येक चीज़ को पैदा करके उसका एक उचित अनुमान निर्धारित कर दिया है। (सूरतुल फ़ुरक़ानः २)

और अपने नबी इब्राहीम अलैहिस्सलात वस्सलाम के विषय में फरमाया कि उन्हों ने अपनी जाति से कहाः

﴿وَاللَّهُ خَلَقَكُمْ وَمَا تَعْمَلُونَ﴾ [الصافات: ٩٦]

हालांकि तुम्हें और तुम्हारी बनाई हुई चीज़ों को अल्लाह ही ने पैदा किया है। (सूरतुस्-साफ़ातः ९६)

उपरोक्त विवरण के अनुसार तक़्दीर (भाग्य) पर ईमान रखना इस बात के विरूद्ध नहीं है कि ऐच्छिक कार्यों को करने में बन्दे की अपनी कोई इच्छा और क़ुद्रत नहीं है, क्योंकि शरीअत और वस्तुस्थिति दोनों ही उसके सिद्ध होने पर दलालत करते (तर्क) हैं।

शरीअत से इसका प्रमाण यह है कि अल्लाह तआला ने बन्दे की मशीयत (इच्छा) के विषय में फरमायाः

﴿فَمَن شَاءَ اتَّخَذَ إِلَىٰ رَبِّهِ مَآبًا﴾ [النبأ: ٣٩]

अतएव जो व्यक्ति चाहे अपने रब (स्वामी) के पास (पुण्य कार्य करके) अपना ठिकाना बना ले। (सूरतुन-नबाः ३९)

तथा फरमायाः

﴿نِسَآؤُكُمْ حَرْثٌ لَّكُمْ فَأْتُوا۟ حَرْثَكُمْ أَنَّىٰ شِئْتُمْ﴾ [البقرة: ٢٢٣]

तुम्हारी बीवीयां तुम्हारी खेतीयां हैं अतः अपनी खेती में जिस प्रकार चाहो आओ। (सूरतुल-बक़राः २२३)

और सामर्थ्य (कुद्रत) के विषय में फरमायाः

﴿فَٱتَّقُوا۟ ٱللَّهَ مَا ٱسْتَطَعْتُمْ﴾ [التغابن: ١٦]

अतएव अपनी यथाशक्ति अल्लाह से डरते रहो। (सूरतुत्-तग़ाबुनः १६)

तथा फरमायाः

﴿لَا يُكَلِّفُ ٱللَّهُ نَفْسًا إِلَّا وُسْعَهَا ۚ لَهَا مَا كَسَبَتْ وَعَلَيْهَا مَا ٱكْتَسَبَتْ﴾ [البقرة: ٢٨٦]

अल्लाह तआला किसी नफ्स (प्राणी) पर उसकी सामर्थ्य से अधिक भार नहीं डालता जो पुण्य वह करे वह उसके लिए है, और जो बुराई वह करे वह उस पर है। (सूरतुल-बक़राः २८६)

वस्तुस्थिति से बन्दे की मशीयत (इच्छा) और कुद्रत का प्रमाण यह है कि प्रत्येक मनुष्य जानता है कि उसको मशीयत (इच्छा) और सामर्थ्य (कुद्रत) प्राप्त है जिन के द्वारा वह कोई कार्य करता है और उन्हीं के द्वारा कोई कार्य छोड़ता है, और उन्हीं के द्वारा बन्दे की इच्छा से होने वाले कार्य जैसे कि चलना, तथा उसकी इच्छा के बिना होने वाले कार्य जैसे कि कंपन (थरथराहट), के मध्य वह अन्तर करता है, किन्तु बन्दे की इच्छा और सामर्थ्य अल्लाह तआला की इच्छा और सामर्थ्य से घटित होती है, क्योंकि अल्लाह तआला का फरमान हैः

﴿لِمَن شَآءَ مِنكُمْ أَن يَسْتَقِيمَ ﴿٢٨﴾ وَمَا تَشَآءُونَ إِلَّآ أَن يَشَآءَ ٱللَّهُ رَبُّ ٱلْعَٰلَمِينَ﴾ [التكوير: ٢٨-٢٩]

(यह कुर्आन सारे संसार वालों के लिए उपदेश है) उसके लिए जो तुम में से सीधे मार्ग पर चलना चाहे। और तुम बिना सारे संसार के पालनहार के चाहे कुछ नहीं चाह सकते। (सूरतुत्-तक्वीरः २८,२९)

तथा इस लिए भी कि सारा संसार अल्लाह तआला का राज्य है, अतः उसके राज्य में उसके ज्ञान और उसकी इच्छा के बिना कोई भी चीज़ घटित नहीं हो सकती।

उपरोक्त वर्णित रूप से तक़्दीर (भाग्य) पर ईमान रखने में बन्दे के लिए कर्तव्यों (वाजिबात) के छोड़ने और अवज्ञा (गुनाहों) को करने का कोई तर्क नहीं है, अतः उसका भाग्य को तर्क वितर्क (बहाना) बनाना निम्नलिखित कई कारणों से असत्य हैः

प्रथमः अल्लाह तआला का फरमान हैः

﴿سَيَقُولُ ٱلَّذِينَ أَشْرَكُوا۟ لَوْ شَآءَ ٱللَّهُ مَآ أَشْرَكْنَا وَلَآ ءَابَآؤُنَا وَلَا حَرَّمْنَا مِن شَىْءٍ ۚ كَذَٰلِكَ كَذَّبَ ٱلَّذِينَ مِن قَبْلِهِمْ حَتَّىٰ ذَاقُوا۟ بَأْسَنَا ۗ قُلْ هَلْ عِندَكُم مِّنْ عِلْمٍ فَتُخْرِجُوهُ لَنَآ ۖ إِن تَتَّبِعُونَ إِلَّا ٱلظَّنَّ وَإِنْ أَنتُمْ إِلَّا تَخْرُصُونَ﴾ [الأنعام: ١٤٨]

यह मुशरिकीन कहेंगे कि यदि अल्लाह चाहता तो न हम शिर्क करते और न हमारे बाप दादा, और न हम किसी चीज़ को हराम ठहराते, इसी प्रकार जो लोग इन से पूर्व बीत चुके हैं उन्हों ने भी झुठलाया था यहां तक कि उन्हों ने हमारे प्रकोप का स्वाद चखा, आप कहिए क्या तुम्हारे पास कोई प्रमाण है तो उसको हमारे सामने प्रस्तुत करो, तुम लोग केवल काल्पनिक बातों के पीछे चलते हो और तुम निरा अटकल से बातें बनाते हो। (सूरतुल अन्आमः १४८)

यदि मुशरिकीन के लिए भाग्य प्रमाण और तर्क होता तो अल्लाह तआला उन्हें यातना न देता।

द्वितीयः अल्लाह तआला का फरमान हैः

﴿رُّسُلًا مُّبَشِّرِينَ وَمُنذِرِينَ لِئَلَّا يَكُونَ لِلنَّاسِ عَلَى ٱللَّهِ حُجَّةٌۢ بَعْدَ ٱلرُّسُلِ ۚ وَكَانَ ٱللَّهُ عَزِيزًا حَكِيمًا﴾ [النساء: ١٦٥]

हम ने उन्हें रसूल बनाया है, शुभ सूचना देने वाले और डराने वाले, ताकि लोगों का कोई तर्क रसूलों के भेजने के पश्चात अल्लाह पर न रह जाए, और अल्लाह सर्वशक्तिमान और सर्वबुद्धिमान है। (सूरतुन-निसाः १६५)

यदि विरोधियों के लिए भाग्य -तक़्दीर- तर्क और हुज्जत (बहाना) होता तो रसूलों के भेजने के पश्चात वह तर्क समाप्त न हो जाता, क्योंकि रसूलों के भेजे जाने के पश्चात लोगों का विरोध (अवज्ञा) अल्लाह तआला की तक़्दीर से होता है।

तृतीयः सहीह बुखारी व मुस्लिम में अली बिन अबी तालिब ﷛ से रिवायत है -और शब्द बुख़ारी के हैं- कि नबी ﷺ ने फरमायाः

«مَا مِنْكُمْ مِنْ أَحَدٍ إِلاَّ قَدْ كُتِبَ مَقْعَدُهُ مِنَ النَّارِ أَوْ مِنَ الْجَنَّةِ».

तुम में से प्रत्येक व्यक्ति का स्वर्ग या नरक में ठिकाना लिखा जा चुका है।

इस पर एक व्यक्ति ने कहा ऐ अल्लाह के रसूल! फिर हम उसी पर भरोसा करके बैठ न रहें? आप ﷺ ने फरमायाः

«لاَ، اِعْمَلُوْا، فَكُلٌّ مُيَسَّرٌ».

नहीं, बल्कि अमल करते रहो, क्योंकि प्रत्यके के लिए अमल सरल कर दिया गया है।

फिर आप ने यह आयत पढ़ीः

﴿فَأَمَّا مَنْ أَعْطَىٰ وَاتَّقَىٰ﴾ [الليل: ٥]

जिस ने (अल्लाह के रास्ते में) दान किया और (अपने रब से) डरा। (सूरतुल-लैलः ५)

और मुस्लिम की एक रिवायत के यह शब्द हैंः

«فَكُلٌّ مُيَسَّرٌ لِمَا خُلِقَ لَهُ».

प्रत्येक व्यक्ति के लिए वह कार्य सरल कर दिया गया है जिस के लिए वह पैदा किया गया है।

उपरोक्त हदीस में नबी ﷺ ने कार्य करने का आदेश दिया है और भाग्य पर भरोसा करके बैठ रहने से रोका है।

चौथाः अल्लाह तआला ने बन्दे को आदेश दिया है और मनाही की है, किन्तु उसे उसी बात का आदेश दिया है जिसकी बन्दा शक्ति रखता है, फरमायाः

﴿فَاتَّقُوا اللَّهَ مَا اسْتَطَعْتُمْ﴾ [التغابن: ١٦]

जहां तक तुम से हो सके अल्लाह से डरते रहो। (सूरतुत-तग़ाबुनः १६)

और फरमायाः

﴿ لَا يُكَلِّفُ اللَّهُ نَفْسًا إِلَّا وُسْعَهَا ﴾ [البقرة: ٢٨٦]

अल्लाह तआला किसी प्राणी पर उसकी शक्ति से अधिक भार नहीं डालता। (सूरतुल-बकराः २८६)

यदि बन्दे को अमल पर विवश किया गया होता तो वह उन आदेशों का भी पाबन्द होता जिनकी वह शक्ति नहीं रखता, और यह बात असत्य है, और यही कारण है कि यदि जहालत से या भूल से या विवश किए जाने पर उस से कोई अवज्ञा (पाप) हो जाए तो उस पर कोई दोष नहीं, क्यों कि वह क्षमा योग्य है।

✺ **पांचवाँः** अल्लाह तआला की तक़्दीर (भाग्य) एक गुप्त रहस्य है जिसका ज्ञान उसके घटित होने के पश्चात होता है, और बन्दे की उस कार्य को करने की इच्छा उसके करने से पूर्व होती है, अतः उसका कार्य की इच्छा करना उसके अल्लाह तआला की तक़्दीर से अवगत होने पर निर्भर नहीं है, और इस प्रकार बन्दे का भाग्य से हुज्जत पकड़ना असत्य हो जाता है, क्योंकि मनुष्य को जिस चीज़ का ज्ञान न हो उस में भाग्य हुज्जत नहीं बन सकता।

✺ **छठवाँः** हम देखते हैं कि मनुष्य उन सांसारिक चीज़ों के लिए जो उसके अनुकूल होते हैं उसका इच्छुक और अभिलाषी होता है, यहां तक कि उन्हें प्राप्त कर लेता है, वह ऐसा नहीं करता कि उन्हें छोड़ कर उनके प्रतिकूल चीज़ों को अपना ले और उस पर भाग्य को हुज्जत बनाये, तो फिर वह धर्म के लिए लाभदायक चीज़ों को छोड़ कर हानिकारक चीज़ों को क्यों अपनाता है और फिर भाग्य को हुज्जत (बहाना) बनाता है? क्या उपरोक्त दोनों चीज़ें एक जैसी नहीं हैं?

इस मस्अला को अधिक स्पष्ट करने के लिए एक उदाहरण प्रस्तुत हैः

यदि मनुष्य के सामने दो मार्ग होंः एक वह मार्ग जो उसे ऐसे नगर तक पहुंचाने वाला हो जहां दुर्व्यवस्था और अनारकी उदाहरण स्वरूप हिंसा व हत्या, लूट मार, भर्त्सना, भय व डर और भुकूमरी फैली हुई हो।

और दूसरा मार्ग वह है जो उसे ऐसे नगर तक ले जाने वाला हो जहां पूर्ण व्यवस्था, सम्पूर्ण शान्ति और सुरक्षा, सौभाग्य जीवन और प्राण, धन तथा सतीत्व (इज़्ज़त) का आदर और सम्मान स्थापित हो, तो वह कौन सा मार्ग चयन करेगा?

वह निः सन्देह यही दूसरा मार्ग चयन करेगा जो उसे व्यवस्था और शान्ति वाले नगर तक पहुंचाने वाला है, किसी बुद्धिमान के लिए कदापि यह सम्भव नहीं है कि वह दुर्व्यवस्था और भय व अशान्ति वाले नगर का मार्ग अपनाए, और भाग्य को हुज्जत बनाये, तो फिर वह आखिरत के मामले में स्वर्ग का मार्ग छोड़ कर नरक का मार्ग क्यों अपनाता है और भाग्य को हुज्जत बनाता है?

✺ **दूसरा उदाहरणः** हम देखते हैं कि बीमार को दवा पीने का आदेश होता है, चुनांचे वह दिल के न चाहने के बावजूद उस दवा को पीता है, इसी प्रकार उसे हानिकारक खाने से रोक दिया जाता है तो वह नफ्स की इच्छा के बावजूद उस खाने से दूर रहता है, यह सब केवल बीमारी को दूर करने और स्वास्थ्य के लिए करता है, उस से यह नहीं हो सकता कि दवा लेना छोड़ दे या हानिकारक खाना खा ले और तक़्दीर (भाग्य) को हुज्जत बना ले, तो फिर मनुष्य क्यों अल्लाह और उसके रसूल के आदेशों को छोड़ता है या अल्लाह और उसके रसूल के निषेध किये हुये कार्य को करता है और भाग्य को हुज्जत (बहाना) बनाता है?

✺ **सातवाँ:** कर्तव्यों के छोड़ने या अवज्ञाओं के करने के लिए भाग्य को हुज्जत बनाने वाले व्यक्ति पर यदि कोई दूसरा व्यक्ति अत्याचार कर बैठे और उसका धन छीन ले या उसकी इज़्ज़त लूट ले, फिर वह भाग्य को हुज्जत बनाए और कहे कि मेरी निंदा न करो, क्योंकि मेरा यह अत्याचार अल्लाह की तक़्दीर से है, तो यह व्यक्ति उसकी हुज्जत को स्वीकार नहीं करेगा, प्रश्न यह है कि अपने ऊपर होने वाले अत्याचार के लिए जब वह तक़्दीर की हुज्जत को स्वीकार नहीं करता, तो अल्लाह तआला के अधिकार पर अपने अत्याचार के लिए तक़्दीर को क्यों हुज्जत बनाता है?!

उल्लेख किया जाता है कि अमीरुल मोमिनीन उमर बिन खत्ताब ﷺ के पास एक चोर लाया गया जो हाथ काटे जाने के दण्ड का योग्य था, जब उमर ﷺ

ने उसका हाथ काटने का आदेश दिया तो उस ने कहा ऐ अमीरुल मोमिनीन! थोड़ा ठहर जाईये, मैं ने अल्लाह तआला की निर्धारित तक़्दीर के कारण चोरी की है, उमर ﵁ ने फरमायाः और हम अल्लाह तआला की निर्धारित तक़्दीर से ही तुम्हारा हाथ काट रहे हैं।

۞ तक़्दीर (भाग्य) पर ईमान लाने के फायदेः

तक़्दीर (भाग्य) पर ईमान लाने के बहुत से लाभ हैं, जिन में से कुछ यह हैं:

1 कारणों को अपनाते समय अल्लाह तआला पर भरोसा करना, इस प्रकार कि स्वयं कारण ही पर भरोसा नहीं करता, क्योंकि प्रत्येक वस्तु अल्लाह तआला की तक़्दीर से होती है।

2 अपने उद्देश्य के प्राप्त होने पर मनुष्य अभिमानी और स्वेच्छा चारी (खुदपसन्दी का शिकार) न हो, क्योंकि उसकी प्राप्ति अल्लाह तआला की नेमत और उपकार है, जो उसकी निर्धारित की हुई भलाई और सफलता के कारणों से उत्पन्न होती है, और मनुष्य का स्वेच्छा चारी होना उसे उस नेमत पर आभारी होने से निश्चेत कर देता है।

3 अपने ऊपर अल्लाह तआला की लागू होने वाली तक़्दीर (भाग्य) पर सन्तोष और हार्दिक आनंद का प्राप्त होना, चुनांचे किसी प्रिय चीज़ के प्राप्त न होने या किसी अप्रिय चीज़ के घटने पर बन्दा व्याकुल और बेचैन नहीं होता, क्योंकि यह सब आकाशों और धरती के स्वामी की निर्धारित की हुई तक़्दीर से होता है, और उसका घटित होना आवश्यक है, इसी संबंध में अल्लाह तआला फरमाता है:

﴿مَآ أَصَابَ مِن مُّصِيبَةٍ فِي ٱلْأَرْضِ وَلَا فِيٓ أَنفُسِكُمْ إِلَّا فِي كِتَٰبٍ مِّن قَبْلِ أَن نَّبْرَأَهَآ ۚ إِنَّ ذَٰلِكَ عَلَى ٱللَّهِ يَسِيرٌ ﴿٢٢﴾ لِّكَيْلَا تَأْسَوْا۟ عَلَىٰ مَا فَاتَكُمْ وَلَا تَفْرَحُوا۟ بِمَآ ءَاتَىٰكُمْ ۗ وَٱللَّهُ لَا يُحِبُّ كُلَّ مُخْتَالٍ فَخُورٍ﴾ [الحديد: ٢٢-٢٣]

न कोई आपत्ति (संकट) संसार में आती है न विशेष रूप से तुम्हारी प्राणों में परंतु इस से पूर्व कि हम उसको उत्पन्न करें वह एक विशेष पुस्तक में लिखी

हुई है, यह काम अल्लाह पर अत्यन्त सरल है। ताकि तुम अपने से छिन जाने वाली चीज़ पर दुखी न हो जाया करो और न प्राप्त होने वाली चीज़ पर प्रफुल्ल हो जाया करो, अल्लाह तआला गर्व करने वाले अभिमानी लोगों से प्रेम नहीं करता। (सूरतुल-हदीदः २२,२३)

तथा नबी करीम ﷺ ने फरमायाः

«عَجَبًا لأَمْرِ الْمُؤْمِنِ إِنَّ أَمْرَهُ كُلَّهُ خَيْرٌ وَلَيْسَ ذَاكَ لأَحَدٍ إِلاَّ لِلْمُؤْمِنِ إِنْ أَصَابَتْهُ سَرَّاءُ شَكَرَ فَكَانَ خَيْرًا لَهُ وَإِنْ أَصَابَتْهُ ضَرَّاءُ صَبَرَ فَكَانَ خَيْرًا لَهُ». [رواه مسلم]

मोमिन का मामला भी अनोखा (अजीब) है कि उसके लिए प्रत्येक पक्ष में भलाई है, और यह विशेषता मोमिन के अतिरिक्त किसी अन्य को प्राप्त नहीं, यदि उसे प्रसन्नता प्राप्त होती है तो अल्लाह का शुक्र गुज़ार होता है और यह उसके लिए श्रेष्ठ होता है, और यदि उसे आपत्ति पहुंचती है तो धैर्य करता है और यह उसके लिए उचित होता है। (सहीह मुस्लिम)

तक़्दीर (भाग्य) के मसूअले में दो सम्प्रदाय पथ भ्रष्ट हुए हैं:

१ जबरिय्याः जिनका कहना है कि बन्दा अपने कार्य पर विवश (मजूबूर) है, उस में उसकी इच्छा और सामर्थ्य का कोई अधिकार नहीं है।

२ क़दरिय्याः जिनका कहना है कि बन्दा अपने कार्य के लिए व्यक्तिगत रूप से इच्छा और सामर्थ्य का अधिकार रखता है, उस में अल्लाह तआला की इच्छा और शक्ति का कोई अधिकार नहीं।

प्रथम सम्प्रदाय (जबरिय्या) का खण्डन शरीअत और वस्तुस्थिति के द्वाराः

शरीअत से इस सम्प्रदाय का खण्डन इस प्रकार होता है कि अल्लाह तआला ने बन्दे के लिए इच्छा और मशीयत सिद्ध किया है और कार्य की निस्बत भी उसकी ओर की है, फरमायाः

﴿مِنكُم مَّن يُرِيدُ ٱلدُّنْيَا وَمِنكُم مَّن يُرِيدُ ٱلْأَخِرَةَ﴾ [آل عمران: ١٥٢]

तुम में से कुछ दुनूया चाहते थे और तुम में से कुछ की इच्छा आखिरत की थी। (सूरत आल-इम्रानः १५२)

तथा फरमायाः

﴿وَقُلِ ٱلْحَقُّ مِن رَّبِّكُمْ ۖ فَمَن شَآءَ فَلْيُؤْمِن وَمَن شَآءَ فَلْيَكْفُرْ ۚ إِنَّآ أَعْتَدْنَا لِلظَّٰلِمِينَ نَارًا أَحَاطَ بِهِمْ سُرَادِقُهَا﴾ [الكهف: ٢٩]

और घोषणा कर दीजिए कि यह सत्य कुर्आन तुम्हारे रब की ओर से है, अब जो चाहे ईमान लाए और जो चाहे कुफ्र करे, निःसन्देह हम ने अत्याचारियों के लिए वह अग्नि तैयार कर रखी है जिसकी लपटें उन्हें घेर लेंगी। (सूरतुल-कह्फः २९)

और फरमायाः

﴿مَّنْ عَمِلَ صَٰلِحًا فَلِنَفْسِهِۦ ۖ وَمَنْ أَسَآءَ فَعَلَيْهَا ۗ وَمَا رَبُّكَ بِظَلَّٰمٍ لِّلْعَبِيدِ﴾ [فصلت: ٤٦]

जो व्यक्ति सत्कर्म करेगा वह अपने नफ्स के लिए, और जो व्यक्ति बुरा काम करेगा उसकी आपत्ति भी उसी पर है, और आप का रब बन्दों पर अत्याचार करने वाला नहीं। (सूरत फुस्सिलतः ४६)

वस्तुस्थिति (वाक़ईयत) से इस सम्प्रदाय का खण्डन इस प्रकार होता है कि प्रत्येक मनुष्य यह जानता है कि वह कार्य जिसका संबंध बन्दों के अपने अधिकार से है जिनको वह अपनी इच्छा और इरादा से करता है जैसे खाना पीना और क्रय विक्रय करना, तथा वह कार्य जिनका संबंध बन्दों के अपने अधिकार से नहीं है बल्कि वह उसकी इच्छा और इरादा के बिना घटित होते हैं जैसे बुखार से कंपन उत्पन्न होना और छत से गिर पड़ना, इन दोनों के मध्य अन्तर है, पहली दशा में वह किसी विवशता और बेबसी के बिना अपनी इच्छा और अधिकार से कार्य को करने वाला है, जबकि दूसरी सूरत में होने वाले कार्य में उसकी कोई इच्छा और अधिकार नहीं।

दूसरे सम्प्रदाय (क़दरिय्या) का खण्डन शरीअत और बुद्धि के द्वाराः

शरीअत के द्वारा इस सम्प्रदाय का खण्डन इस प्रकार होता है कि अल्लाह तआला

प्रत्येक वस्तु का पैदा करने वाला है और प्रत्येक चीज़ उसी की इच्छा से घटित होती है, अल्लाह तआला ने अपनी पुस्तक क़ुरआन करीम में यह स्पष्ट कर दिया है कि बन्दों के कार्य भी उसी की मशीयत और इच्छा से घटित होते हैं, फरमायाः

﴿وَلَوْ شَاءَ اللَّهُ مَا اقْتَتَلَ الَّذِينَ مِنْ بَعْدِهِمْ مِنْ بَعْدِ مَا جَاءَتْهُمُ الْبَيِّنَاتُ وَلَٰكِنِ اخْتَلَفُوا فَمِنْهُمْ مَنْ آمَنَ وَمِنْهُمْ مَنْ كَفَرَ ۚ وَلَوْ شَاءَ اللَّهُ مَا اقْتَتَلُوا وَلَٰكِنَّ اللَّهَ يَفْعَلُ مَا يُرِيدُ﴾ [البقرة: ٢٥٣]

और यदि अल्लाह तआला चाहता तो उनके पश्चात वाले अपने पास प्रमाणों के आ जाने के उपरान्त आपस में लड़ाई न करते, किन्तु उन्हों ने विवाद किया, तो उन में से कुछ तो मोमिन हुए और कुछ काफ़िर, और यदि अल्लाह तआला चाहता तो यह आपस में न लड़ते, परन्तु अल्लाह जो चाहता है करता है। (सूरतुल-बक़राः २५३)

और फरमायाः

﴿وَلَوْ شِئْنَا لَآتَيْنَا كُلَّ نَفْسٍ هُدَاهَا وَلَٰكِنْ حَقَّ الْقَوْلُ مِنِّي لَأَمْلَأَنَّ جَهَنَّمَ مِنَ الْجِنَّةِ وَالنَّاسِ أَجْمَعِينَ﴾ [السجدة: ١٣]

यदि हम चाहते तो प्रत्येक व्यक्ति को मार्गदर्शन प्रदान कर देते, किन्तु मेरी यह बात अत्यन्त सत्य हो चुकी है कि मैं अवश्य नरक को मनुष्यों और जिन्नों से भर दूँगा। (सूरतुस-सज्दाः १३)

बुद्धि -अक़्ल- के द्वारा इस सम्प्रदाय का खण्डन इस प्रकार होता है कि सारी काइनात अल्लाह तआला की सम्पत्ति और अधिकार अधीन है, और मनुष्य इस जगत का एक भाग है, अतः वह भी अल्लाह तआला की सम्पत्ति और अधिकार अधीन है, और अधीन के लिए यह सम्भव नहीं है कि वह स्वामी की आज्ञा और इच्छा के बिना उसकी स्वामित्व और अधिकार में कोई कार्य करे।

इस्लामी अक़ीदः के उद्देश्य

अरबी भाषा में ''हदफ़'' "هَدَف" शब्द के कई अर्थ होते हैं, उन में से एक अर्थ हैः वह निशाना जो तीर मारने के लिए स्थापित किया जाये, इसी प्रकार प्रत्येक लक्षित वस्तु को हदफ़ (लक्ष्य) कहा जाता है।

इस्लामी अक़ीदः के उद्देश्य से तात्पर्य वह पवित्र लक्ष्य और उद्देश्य (अग़राज़ व मक़ासिद) हैं जो इस अक़ीदः को ग्रहण करने पर निष्कर्षित (मुरत्तब) होते हैं, और यह बहुत और भिन्न प्रकार के हैं, जिन में से कुछ निम्नलिखित हैंः

❶ नीयत (इच्छा) और इबादत (उपासना) को केवल अल्लाह तआला के लिए खालिस रखना, क्योंकि वही ख़ालिक़ (उत्पत्तिकर्ता) है, उसका कोई साझी नहीं, अतः आवश्यक है कि इच्छा और उपासना केवल उसी के लिए हो।

❷ विचार और बुद्धि को उस अनारकी (अव्यवस्था) से मुक्त रखना जो हृदय के इस इस्लामी अक़ीदः से खाली होने के कारण जन्म लेती है, क्योंकि जिसका हृदय इस अक़ीदः से शून्य होगा वह या तो प्रत्येक अक़ीदः से खाली होकर केवल भौतिकवादी (माद्दा परस्त) होगा, या श्रद्धाओं और मिथ्यावादों की गुमराहियों में भटक रहा होगा।

❸ विचारिक और हार्दिक आनंद, चुनांचे न तो हृदय में कोई व्याकुलता होगी और न विचार में कोई आतुरता होगी, क्योंकि यह अक़ीदः मोमिन को उसके खालिक़ से जोड़ देता है, और वह उसे अपना रब, व्यवस्थापक, शासक और शरीअत रचयिता मान कर प्रसन्न हो जाता है, फिर उसके भाग्य पर उसका हृदय सन्तुष्ट होता है और उसका हृदय इस्लाम के लिए प्रफुल्लित हो जाता है, और वह कोई अन्य धर्म नहीं ढूँढता।

८ अल्लाह तआला की इबादत या लोगों के साथ व्यवहार करते समय इच्छा और अमल में अवहेलना (इनहिराफ) से सुरक्षा, क्योंकि इस अक़ीदः का एक आधार रसूलों पर ईमान लाना भी है जो उनके उस मार्ग के अनुसरण को सम्मिलित है जिस में इच्छा और अमल में सुरक्षा पाई जाती है।

९ समस्त मामलों में दूरदर्शिता (चतुरता) और संजीदगी, इस प्रकार कि सत्कर्म का कोई अवसर हाथ से न जाने दे, बल्कि पुण्य की आशा रखते हुये उस से लाभान्वित हो, और पाप का कोई अवसर देखे तो सज़ा के भय से उस से दूर रहे, क्योंकि इस अक़ीदः का एक आधार पुनर्जीवित किए जाने और कर्मों का बदला दिए जाने पर ईमान लाना भी है, (अल्लाह तआला का फरमान है):

﴿وَلِكُلٍّ دَرَجَٰتٌ مِّمَّا عَمِلُواْۚ وَمَا رَبُّكَ بِغَٰفِلٍ عَمَّا يَعْمَلُونَ﴾ [الأنعام: ١٣٢]

और प्रत्येक को उनके कर्मों के कारण पद दिया जायेगा, और आपका रब उनके कर्मों से निश्चेत नहीं है। (सूरतुल अन्आमः १३२)

तथा नबी करीम ﷺ ने अपनी इस हदीस में इसी उद्देश्य पर उभारा है:

«اَلْمُؤْمِنُ الْقَوِيُّ خَيْرٌ وَأَحَبُّ إِلَى اللهِ مِنَ الْمُؤْمِنِ الضَّعِيْفِ، وَفِيْ كُلٍّ خَيْرٌ، اِحْرِصْ عَلَى مَا يَنْفَعُكَ وَاسْتَعِنْ بِاللهِ وَلَاتَعْجَزْ، وَإِنْ أَصَابَكَ شَيْءٌ فَلَا تَقُلْ: لَوْ أَنِّيْ فَعَلْتُ كَانَ كَذَا وَكَذَا وَلَكِنْ قُلْ: قَدَّرَ اللهُ وَمَا شَاءَ فَعَلَ، فَإِنَّ «لَوْ» تَفْتَحُ عَمَلَ الشَّيْطَانِ». [رواه مسلم]

शक्तिशाली मोमिन अल्लाह तआला के निकट दुर्बल मोमिन से उत्तम और प्रियतम है, वैसे तो दोनों के अन्दर भलाई है, जो चीज़ तुम्हें लाभ पहुंचाये उसके उत्सुक और अभिलाषी बनो तथा अल्लाह तआला से सहायता मांगो और निराश न हो, यदि तुम्हें कोई संकट पहुंचे तो यह न कहो कि यदि मैंने ऐसा किया होता तो ऐसा ऐसा होता, बल्कि यों कहो कि अल्लाह ने भाग्य में यही निर्धारित किया था और जो अल्लाह ने चाहा वह हुआ, क्योंकि शब्द "لو" अर्थात यदि शैतानी कार्य का द्वार खोलता है। (सहीह मुस्लिम)

६ एक शक्तिशाली और बलूवान उम्मत की रचना जो अपने धर्म की सुदृढ़ता और उसके आधारों को ठोस करने के लिए अपना सब कुछ बलिदान कर दे

और उस मार्ग में आने वाली किसी भी संकट की चिन्ता न करे, इसी संबंध में अल्लाह तआला फरमाता है:

﴿إِنَّمَا ٱلْمُؤْمِنُونَ ٱلَّذِينَ ءَامَنُوا۟ بِٱللَّهِ وَرَسُولِهِۦ ثُمَّ لَمْ يَرْتَابُوا۟ وَجَٰهَدُوا۟ بِأَمْوَٰلِهِمْ وَأَنفُسِهِمْ فِى سَبِيلِ ٱللَّهِ ۚ أُو۟لَٰٓئِكَ هُمُ ٱلصَّٰدِقُونَ﴾ [الحجرات: ١٥]

मोमिन तो वह हैं जो अल्लाह पर और उसके रसूल पर ईमान लायें, फिर संदेह और शंका न करें, और अपने धनों और प्राणों से अल्लाह के मार्ग में जिहाद (संघर्ष) करते रहें, यही लोग सत्यनिष्ठ और सत्यवादी हैं। (सूरतुल-हुजुरातः १५)

❼ व्यक्ति और समूह की सुधार के द्वारा लोक और प्रलोक के सुख और आनंद तथा अल्लाह तआला की ओर से पुण्य और अनुकम्पाओं की प्राप्ति, इसी संबंध में अल्लाह तआला फरमाता है:

﴿مَنْ عَمِلَ صَٰلِحًا مِّن ذَكَرٍ أَوْ أُنثَىٰ وَهُوَ مُؤْمِنٌ فَلَنُحْيِيَنَّهُۥ حَيَوٰةً طَيِّبَةً ۖ وَلَنَجْزِيَنَّهُمْ أَجْرَهُم بِأَحْسَنِ مَا كَانُوا۟ يَعْمَلُونَ﴾ [النحل: ٩٧]

जो व्यक्ति सत्कर्म करे, चाहे वह पुरूष हो या स्त्री, किन्तु मोमिन हो, तो निःसन्देह हम उसे उत्तम जीवन प्रदान करेंगे और उनके सत्कर्मों का श्रेष्ठ प्रतिफल भी उन्हें अवश्य देंगे। (सूरतुनू-नहूलः ९७)

इस्लामी अक़ीदः (श्रद्धा) के यह कुछ लक्ष्य और उद्देश्य थे, हम अल्लाह तआला से आशा करते हैं कि वह हमारे लिए और समस्त मुसलमानों के लिए इन उद्देशों और लक्ष्यों को परिपूर्ण कर दे। (आमीन)

IslamHouse.com

Hindi.IslamHouse @IslamHouseHi IslamHouseHi https://islamhouse.com/hi/

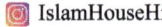

IslamHouseHi

For more details visit
www.GuideToIslam.com

GUIDE TO ISLAM

contact us :Books@guidetoislam.com

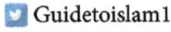

GuidetoIslam.org Guidetoislam1 Guidetoislam www.Guidetoislam.com

المكتب التعاوني للدعوة وتوعية الجاليات بالربوة

هاتف: ٩٦٦١١٤٤٥٤٩٠٠+ فاكس: ٩٦٦١١٤٩٧٠١٢٦+ ص ب: ٢٩٤٦٥ الرياض: ١١٤٥٧

ISLAMIC PROPAGATION OFFICE IN RABWAH

P.O.BOX 29465 RIYADH 11457 TEL: +966 11 4454900 FAX: +966 11 4970126

www.ingramcontent.com/pod-product-compliance
Lightning Source LLC
LaVergne TN
LVHW050141080526
838202LV00062B/6552

* 9 7 8 5 2 8 4 2 8 9 0 8 2 *